JN033536

英語と日本語の深層を探る

(中)

開拓社
言語・文化選書

90

英語と日本語の深層を探る（中）

文法を比較する

平出昌嗣 著

開拓社

は　し　が　き

　この（中）巻でのテーマは文法の比較である。文法といっても範囲が広いが，ここでは文の表現方法に係わる規則を対象にしている。英語は物を見て話し，日本語は人を見て話す。これが二つの言語の根底にある発想の違いである。西欧は個の文化であり，個人対個人の関係が基本だから，対立も恐れず，自分の言いたいことを言おうとする。文は文法に従って語彙がきちんと配列され，助動詞や仮定法を除きあまり感情が入らないから，その表現は明確でストレートなものになる。一方，日本は和の文化であり，日常生活では和を貴び，互いに協力し合って対立を避ける態度を植えこまれている。言葉も敬語や終助詞は話し手の感情が入りやすいから，表現はあいまいで柔らかなものになりがちである。Look at the moon. は人に応じて「お月様を見てごらん」とも「月を見ろ」とも言え，目的語を省いて「見て」とも「見ろ」とも「見よ」とも言える。このような話し方の違いが文法とどう係わっているかをこの巻では見ていく。

　たとえば主語は，英語では文に必ず出すが，日本語では必要がなければ出さない。I や you が文に必ずあることで互いの個としての存在が意識されるが，日本語は出さないことで，話し手や聞き手の個としての存在感が薄れ，おのずと融和的な雰囲気を作り出す。受身は，英語では目的語を焦点化し，それを主語に置き換える客観的な表現方法だが，日本語の場合は被害を受けたことを表す主観性の強い表現になる。I was scolded by my father. はただ事実を述べているが，「父に叩かれた」は，ひどい目に遭ったという自分の感情を浮き立たせている。否定表現は，相手の発言に対して使うと

き，日本語では相手の人格の否定にもなりうるので，使いづらい。しかし英語ではそれが自分の思うことなら積極的に出せるし，直接・間接のさまざまな表現方法がある。日本語のノーがナイフで，相手に投げることがためらわれるなら，英語のノーはボールのようなもので，自由に投げられ，当たってもそう痛くはない。語順は，英語は SVO の構文に従って言いたいことを先に出し，その後に説明を加えて肉付けしていくが，日本語ではさまざまな要素を先に出し，最後にそれを一つにまとめる。I hate you. も，日本語では「お前なんか」で切って締めくくりをつけないこともできる。時制では，英語は過去・現在・未来という客観的な時間が話し手の外にあり，話し手はそれに言いたいことを合わせるが，日本語の場合は過ぎたことも今のこととしたりして，話し手が時間を自由に扱う。

　このように，日本語は表現が主観的，情緒的になりやすく，英語は客観的，分析的になりやすい。これは個人の話し方の問題ではなく，言語がそういう表現になるように規定しているからである。だから言葉が人の考え方や表現方法を作り出していると言ってもいい。総じて，英語は光の言語であり，光を当てるように，言いたいことを全体的な構文として浮かび上がらせ，主語や目的語を明確にし，日本語にはない時制や冠詞といった細かいところまで明らかにする。それに対し日本語は霞の言語であり，言いたいことだけを浮かび上がらせ，相手に応じてぼかしたり暗示したり膨らませたりして表現を加減する。

　2021 年 3 月

平出　昌嗣

目　　次

第1章　主　語

1.　主語の有無

　主語とは，文における行為や状態の主体のことで，英語では構文が重視され，主語の形が動詞の形を決めるから必ず示さなければならないが，日本語では構文より表現が重視され，主語は暗示されて，必要がない限りは浮かび上がってこない。たとえば，「井上君，どうしてる？」と話題には出すが，その後は，「元気にやってるよ」「病気だったんだろ？」「もうとっくに回復してるよ」のように，もう主語はつけない。井上君の話題を続けていることが明らかだからである。あるいは，「誰か行ってくれる？」という問いに，「はい，行きます」とも，「はい，わたしが行きます」とも言えるが，「わたしが」と言ったほうが強意的である。このように，文の必須要素として義務づけられる英語の主語と，導入や強調として置かれる日本語の主語とでは，その性質が違う。

　英語の場合，幼い子供は，Don't know., Where go?, Why laughing at me? のように，よく I や you を省いて話すが，学習によってちゃんと主語を入れるようになる。大人でもくだけた会話で

1

は，Can't seem to remember my wife. Ridiculous of me, isn't it? のように，主語はしばしば省略される。会話では自分と相手しかおらず，省略された語は容易に補えるから，主語を省くというのは，ある意味で自然なことでもある。実際，世界的には主語を省く言語のほうが多く，日本語のみならず，中国語や韓国語でも主語を省くし，西欧語でもスペイン語やイタリア語，あるいはラテン語のように，動詞の活用で主語が分かる場合はよく省かれる。主語を必須とするのは，英語，フランス語，ドイツ語などに限定されるが，その英語も，はるか遠い時代にはラテン語などと同様，主語を省くことができたと思われる。しかし古英語になると，もう主語が省かれることはほとんどなかった。それだけ主語の意識が強かったことになる。[1]

　主語を示す一つの理由は，動詞の形だけでは主語がはっきりしないことがあった。ラテン語は非常に細かく厳密で，動詞は人称によって現在形も過去形も複数形もすべて違った活用語尾を取る。活用動詞は五種類，時制は六つもあるが，そのすべてで各人称が取る活用語尾は異なる。だから主語がなくてもその語尾で主語は分かった。しかし古英語では，単数・現在形こそ人称により語尾は異なるものの，単数・過去の一・三人称は同じ形，複数形も現在形・過去形それぞれで一・二・三人称はすべて同じ形を取り，動詞の形だけでは主語は必ずしも一つに限定されない。だから主語は明示する必

---

[1] ただし方言では，hast gotten aught about thee they'll know at home?（家の人が分かるようなものを何か身につけているか。hast gotten＝have you. aught＝anything）（Mrs. Gaskell, "The Half-Brothers"）とか，Art for or against me?（私に賛成か反対か。Art＝Are you）（G. Bernard Shaw, *Saint Joan*）のように，動詞の活用によって主語が分かるので，主語（thou）は省かれる。どの言語でも，方言には古い言い方がかなり根強く保持されている。

要があった。あるいは，主語の意識が強く，主語を明示したから，動詞が細かい語尾変化を失ったと考えることもできる。いずれにしても，主語は文で独自の存在感を持った。

　主語を明示するか否かは，文化の価値観とも係わる。西欧は個の文化であり，個人の存在を際立たせようとする。会話とは独立した個人と個人の対話であり，相手の意を知り，こちらの意を告げ，互いを理解することが重要になる。その精神が文にも反映し，個人の独立性を示すために主語を明示する。その主語は，ただの飾りではなく，動詞の形を決め，文を支配する特権的地位を持つ。だからドイツ語のように動詞の形で主語が分かっても，さらにはっきりと示すことになる（ドイツ語は lernst Deutsch の -st の語尾で主語は二人称の du と分かるが，それでも du をつける）。一方，日本は和の文化であり，仲間内の意識が強く，個人を際立たせることを避けようとする。会話とは同じ共同体，同じ価値観を分け持つ者どうしのやり取りになり，互いの違いを消し，相手と溶け合おうとする。溶け合っているから，主語を明示する必要はない。明示するのは，自分なり行為者なりを際立たせる場合であり，その必要がなければ示さない。そして示さなくてもすぐに分かる。「疲れた」を例に取ると，次の三つの文は，主語は示さなくても理解は容易である。

(1) a.　疲れた。（I am tired.）

　　 b.　疲れた？（Are you tired?）

　　 c.　疲れたね。（We are tired, aren't we?）

　日本語では，話し手と聞き手がいる場合，主語のない平叙文は，基本的には，話し手自身のことである。疑問文や命令文であれば，それは聞き手に向けられたものである。このように主語がなくても状況や文の形で主語が分かる。ただし，最後の「疲れたね」の英訳

には違和感が残る。英語では I と you の対立が基本だから，You are tired, aren't you? とか，I am tired. How about you? としたほうが自然である。We という共同意識は日本的なものになる。

(2) 「明日は休みなんだ。だから一緒に過ごせるよ。何かしたいことある？」

この文では，第 1 文の主語は自分，第 3 文の主語は相手であるが，第 2 文は主語を明確に限定できない。それは自分でもいいし，相手でもいいし，あるいはその両方を含んで「わたしたち」でもいい。英語で言えば，I can spend time with you., You can spend time with me., We can spend time together. となる。しかし英語ではその三通りある主語のうち，どれか一つに限定しなければいけない。同様に，

(3) 「明日，松坂さんが来るんだ。来たら飲もうか」

この文も，「来る」のは松坂さんであるが，「飲む」のは，「あなたが（わたしや松坂さんと一緒に）」でもいいし，「我々二人が（松坂さんと一緒に）」でもいいし，「三人が（一緒に）」でもよく，それを区別する必要はない。しかし英語では Will you ～? か，Shall we ～? か，Shall we ～ with him? かを区別する必要がある。このように日本語では，主語がないと互いの区別が消え，一体感が生まれる。逆に言えば，主語を入れると区別が生じ，それだけが浮かび上がって，距離ができることになる。

　主語の非明示は遠い昔からの日本語の話し方になる。日本最古の物語『竹取物語』（900 年頃）を見ると，主語の省略がかなりある。省略というよりも，昔は，身分の高い人の名を直接口にするのははばかられることであり，したがって，直接言及せず，ヴェールで隠

すように，敬語などによって間接的に表した。物語の一節とその訳を並べてみる。

(4)　宮仕へ仕うまつらずなりぬるも，かくわづらはしき身にて侍れば，心得ず思しめされつらめども，心強く承らずなりにしこと，なめげなる者に思し留められぬるなむ，心にとまり侍りぬる，とて，

　　　今はとて天の羽衣着るをりぞ君をあはれと思ひいでける

とて，壺の薬そへて，頭中将呼び寄せてたてまつらす。中将に，天人取りて伝ふ。中将取りつれば，ふと天の羽衣うち着せたてまつりつれば，翁をいとほし，かなしと思しつることも失せぬ。この衣着つる人は，物思ひなくなりにければ，車に乗りて，百人ばかり天人具して昇りぬ。

（現代語訳）

（私が）宮仕え申し上げなくなってしまったのも，（私が）このように複雑な身でございますので，（帝は）理解できないとお思いあそばされたでしょうが，（私が）強情に（ご命令を）承知申し上げませんでしたことで，（帝が私を）無礼な者と思い留めなさってしまったことが気がかりでございます，と書いて，

　　　もうこれでお別れと，天の羽衣を着るときになり，あなた様をしみじみと思い出したのです

と詠んで，壺の（不死の）薬をそえて，頭中将を呼び寄せて（帝に）さしあげさせる。中将に，天人が（かぐや姫から）取って渡す。中将が受けとると，（天人がかぐや姫に）さっと天の羽衣を着せてさしあげたので，（かぐや姫は）翁をかわいそうだ，いとおしいと思っていたこともなくなっ

た。この羽衣を着た人（かぐや姫）は，思い悩むことがなくなったので，車に乗って，百人ほどの天人を従えて天に昇った。

（英語訳）

"... I am sure you must find it quite incomprehensible, but it weighs heaviest on my heart that you may consider my stubborn refusal to obey your commands an act of disrespect."

To the above she added the verse:

"Now that the moment has come to put on the robe of feathers, how longingly I recall my lord!"

Kaguya-hime attached to the letter some elixir of immortality from the jar and, summoning the commander of the guards, directed him to offer it to the Emperor. A celestial being took the gift from her hands and passed it to the commander. No sooner had the commander accepted the elixir than the celestial being put the robe of feathers on Kaguya-hime. At once she lost all recollection of the pity and grief she had felt for the old man. No cares afflict anyone who once puts on this robe, and Kaguya-hime, in all tranquillity, climbed into her chariot and ascended into the sky, accompanied by a retinue of a hundred celestial beings.

(Trans. Donald Keene, *The Tale of the Bamboo Cutter*)

　原文と現代語訳を比べると，原文は，主語のみならず，目的語なども省かれていて分かりにくいが，敬語の使い方や状況からほぼ推

測することができる。「まつる（奉る）」「侍る」「承る」(受く＋賜る)「たてまつる」はこちらを低める謙譲語であり，「思す」「思し召す」「る・らる（助動詞）」は相手を高める尊敬語であり，それが交互に使われているので二者の関係は分かる。訳文でも，かっこの部分を抜いて読んでも，敬語で主語が誰か分かる。ラテン語などでは主語がなくても動詞の語尾変化で主語が分かったが，日本語では敬語がその語尾変化に相当していると言えよう。一方，英語訳はかなり長くなっている。それは原文では言及されていない主語や目的語が明示されているだけでなく，暗示されている状況もはっきりと示されているからである。さらに理解しやすいように省略や追加の説明もある。しかし敬語はないので，ただ事実だけが客観的に述べられることになる。

　たとえば「心得ず思しめされつらめども」は英語では I am sure you must find it quite incomprehensible. と訳されている。「思しめさ」は「思う」の尊敬語「思し召す」の未然形なので，主語は帝で，英語では you，「らめ」は現在推量の助動詞「らむ」の已然形なので主語は手紙の書き手（かぐや姫）で，英語では I になる。英語の I や you は文の形を整えるための記号的なものなので，日本語のような重みはない。英語で敬意を表そうとすれば，国王や皇帝に対して，you の代わりに Your Majesty（呼びかけでなければ His Majesty）などを使うことになる（ここでは my lord と言っている）。最後の文は「この衣着つる人」（かぐや姫のこと）という第三者的な言い方になり，続く文も敬語表現はなくなり，ただ外側から事実だけを述べる文になっている。そのことでかぐや姫が情を持った人間から冷たい天女へ変貌する姿が読者に強く感じられることになる。英語ではこの感覚は表現できないから，「この衣着つる人」はただ Kaguya-hime と訳され，それまでの客観的な表現を引き継い

でいる。

　英語における主語の明確化は，日本語と比べたとき，文を状況に
依存させるのではなく，逆に状況から独立させ，文それ自体でなん
でも客観的に表現しようとする精神を表している。状況に依存する
日本語は，主語を示さないことで，あいまいさや誤解が生じること
があるが，英語では主語を明示することで，その可能性を排除して
いる。主語の設定は，きわめて分析的なことでもある。たとえば
「寒い」という場合，英語では何を主語とするかによって二通りの
言い方ができる。It is cold. と I am cold. である。最初の文の it
は漠然と天候を表している。つまり天候が寒い（自分が寒いかは不
明）という発想になる。二番目の文は自分が寒い（天候が寒いかは
不明）ということになる。日本語では外気と自分を区別しているわ
けではない。「寒い」と言えば，空気が寒いから自分も寒いという
ことになり，その間に区別をつけない。しかし英語では何が寒いの
か，明確にする必要がある。その分，分析的になる。あるいは死ん
だ愛犬を抱いている人を見て「かわいそうに」と言うとき，かわい
そうと思っている対象は愛犬か持ち主か，それともその状況か，日
本語でははっきり区別していないが，英語では区別する必要があ
る。「ひどい」と言うときも，相手がひどいのか相手の行為がひど
いのか日本語では区別がつかない。英語では He is cruel to ignore
her. とすれば人，It is cruel of him to ignore her. とすれば行為を
焦点化していることになる。晴れた空を見て，「気持ちがいいね」
と言ったり，パーティに出て「楽しいね」と言う場合も同様である。
日本語では自分と環境は溶け合っているが，英語では切り離して表
現する。

　もっとも，英語でも，古英語には主語のない文（非人称構文）が
あった。主として自然現象や感覚・感情など，人の意志と係わらな

い，よって主語を明確にできない動詞を，三人称単数の形で表した。sniwde（＝snowed）は it snowed の意，mē þyncþ þæt 〜（＝me seems that 〜）は it seems to me that 〜 の意，同様に，古形をあえて現代語化すれば，grieves me（＝I grieve），me dreams（＝I dream），あるいは it（古英語では hit）を伴って it happened him to 〜（＝he happened to 〜）のような形を取った。しかし一つには主語のある文のほうが圧倒的に多かったため，また一つには動詞の前に置かれた目的語が主語と見なされて，15世紀頃には「主語＋動詞」という流れの中に飲み込まれて廃れていった。人間を主体とする発想がそれだけ強くなったことになる。ただし methinks（＝it seems to me, I think）という表現は19世紀頃まで残った。思いが自然に湧く，〜と思われる，という発想で，日本語の自発の意に近いが，今日ではそれも「主語＋動詞」の形に飲み込まれてしまっている。この非人称構文はインド・ヨーロッパ語族にしばしば見られ，ラテン語だと pluit（＝it rains），miseret mē（I pity, it distresses me），現代ドイツ語だと非人称の主語 es（＝it）を伴い，Es hungert mich（＝It hungers me）（私は空腹だ）となるが，人が文頭に立つと古い形が復活し，Mich hungert となる。ただし今日では人を主語にして，Ich habe Hunger（＝I have hunger），Ich bin hungrig（＝I am hungry）とすることが多い。

2.　英語特有の主語

　英語では自分のことを言うときも，必ず主語 I を立てる。そのことで，自分のことでも外から客観的に表現することを求められる。したがって，英語における「わたし」とは，行為や感情の主体でありながら，同時に見られる客体にもなっていることになる。そ

れは日本語で「わたしはお腹がすいた」とすると，「ああ，お腹が
すいた」と比べ，外から自分の客観的事実を述べる響きになるのと
同じである。

　この自己を客観的に見るという発想は再帰代名詞の文によく現れ
る。

　(1)　I couldn't prevent myself from laughing at the scene.
　　（その光景を見て笑わずにはいられなかった）

　この文では，自分というのは，行為の主体（I）というだけでな
く，その主体が働きかける対象（myself）ともなっている。いわば
自分が二つに分裂している。直訳すれば，「わたしは，わたし自身
がその光景を見て笑うのを妨げることができなかった」となる。こ
の発想は日本語ではおかしいが，英語では，意志を持つ自分と，そ
の自分が働きかける身体としての自分を区別して記述するきわめて
分析的な表現になる。I am my own master.（わたしは自分の思うと
おりにする）（女性の場合は mistress）も，文字どおりには「わたしは
自分を支配する者である」で，自分を二つに分けている。He gave
his face a serious expression.（彼はまじめな顔をした。直訳は，自分
の顔にまじめな表情を与えた）も同じ発想で，自分の顔でありながら，
自分から切り離された対象として見ている。

　自分が誰かと係わる場合，外から客観的に見るなら，わたしとそ
の相手とは人と人，対象と対象との関係であり，文では力や意志の
強い側が主語となる。

　(2)　Father scolded me for coming home late.

　この文は直訳すれば「遅く帰ったので父はわたしを叱った」だが，
日本語ではこういう言い方はあまりしない。日本語は「わたし」を

中心にした主観的な発想になるから,「(わたしは) 父に叱られた」という言い方になる。しかし英語では「叱る」という行為の主体は父だから, 父が主語になり,「わたし」は父の行為を受ける対象として目的語になる。そして受身形よりはこのほうがよく使われる自然な文である。したがって, 英語は, 日本語のように「わたし」の視点から状況を見るのではなく,「わたし」の外の視点から「わたし」の置かれた状況を客観的に見ていることになる。

英語では目や手も, 主体性が強ければその持ち主からは切り離されて主語になる。

(3) Then my eye caught something at the back of the room. At first I continued eating, then my hands became still.

(Kazuo Ishiguro, "A Family Supper")

日本語では「わたしの目が何かを捕らえた」とか,「わたしの手が止まった」とは言わない。こういう発想自体がない。なるほど,「腹が立つ」「足が向く」「胸が踊る」など, 体の一部を主語にする言い方があるが, 慣用句であるし, 多くは「わたしは」と補えるから, 英語の表現方法とは異なる。英語のほうは, わたしの目や手が, わたしから独立した一個の生き物となり, 主語として一人歩きをしている。

(4) a. A firm hand pressed upon his shoulder, a voice was calling him. (Alain Danielou, "The Game of Dice")
   (誰かが肩を手で強く押し, しきりに呼びかけていた)

   b. He gazed at her a little, and for the first time his fixed eyes lowered their lids.

(Henry James, *The Portrait of a Lady*)

（彼は少し彼女を見つめ，そして初めて，その見つめていた目
を閉じた）

c. At the steps, an extended foot tried each board tenderly
before he put his weight on it.

(John Steinbeck, "The Murder")

（階段で，彼は足を伸ばし，段の一つ一つをそっと確かめてか
ら体重をかけた）

d. Her mouth smiled to itself, but her eyes watched him
for the development of a wish. (ibid.)

（彼女は口元ではほほえんでいたが，目では，どんな望みを言
い出すかと，彼をじっと見つめていた）

e. Nick watched his father's hands scrubbing each other
with the soap. (Ernest Hemingway, "Indian Camp")

（ニックは父が石鹸で両手をごしごしと洗うのを見ていた）

　これらの例では，語り手は，手なら手そのものに焦点を当て，外
からその様子を客観的に観察している。最後の文は，直訳では「父
の両手が互いをこすり合うのを見た」となり，手が父から独立して
動いている印象を受ける。それはきわめて英語らしい発想であり，
直訳も可ではあるが，自然な日本語としては，訳文のように人を主
語として訳すほうがいい。英語では，体の一部は，その独立性か
ら，Eyes, look your last! Arms, take your last embrace! (Shake-
speare, *Romeo and Juliet*) （我が目よ，最後にしっかりと見るのだ。我が腕
よ，最後にしっかりと抱くのだ） とか，Beware, my heart/You're get-
ting in too deep (Betty Carter) （気をつけて，わたしの心，深入りしす
ぎよ） のように，わたしが呼びかける対象にもなる。

　同じように，物もただの物体であることをやめ，主語としてみず

から行動したり，人に働きかけたりする。日本語の場合，他動詞の主語になれるのは，人や動物のような意志を持ったものに限られる。というのも，他動詞とは目標・標的（目的語）に向けて，こちらからある行動を仕掛ける表現だからである。だから意志や感情のない物体は他動詞の主語にはなれない。しかし英語では，石や紙のように，命や意志を持たないものも他動詞の主語となって，人に働きかけることができる。一種の擬人化であるが，それは自分のことであっても，自分に係わる行為を，自分を中心（主語）にするのではなく，自分を対象（目的語）化して，外から客観的に捉える発想になる。たとえば「私は気が動転した」を Panic seized me. と表現すると，まるで誰かにぐいと強くつかまれたような感覚になる。この panic はドイツ語やフランス語では女性名詞であるから，女性が襲いかかったようにも読める。英語も昔はほかのヨーロッパ語と同様，すべての名詞が性（ジェンダー）を持っていた。性があると名詞は擬人化され，他動詞の主語になりやすくなるのかもしれない。

(5) a. My shoes were hurting me.（靴のせいで足が痛かった）

　　 b. In company, his strength failed him.

　　　　（人前では彼は力が出なかった）[fail は「見捨てる」]

　　 c. A chill passed along his spine and through his hair; he felt the blood forsake his cheeks.

　　　　　　　　（Ambrose Bierce, "The Eyes of the Panther"）

　　　　（背骨を，そして髪にまで，悪寒が走った。彼は顔から血が引くのを感じた）

　　 d. The unoccupied houses opposite continued to meet her look with their damaged stare.

(Elizabeth Bowen, "The Demon Lover")

（反対側の無人の家々はその壊れた目（窓のこと）で彼女を見続けた）

e. Conscious that the silken girth—if silk it were—was relaxing its hold, she turned aside into the shelter of the maple-trees.　　(Nathaniel Hawthorne, "David Swan")

（絹の靴下留め――絹製だったとすれば――が緩んでいるのを意識して，彼女は脇のカエデの茂みへ隠れた）

f. The page that faced her carried a poem called "The Flowers."　　(Peter Godfrey, "And Turn the Hour")

（開いたページには「花」という詩が載っていた）

g. He was systematically minute in his narrative, simply in order, I think, not to let his excitement get the better of him.　　(Joseph Conrad, "Il Conde")

（彼の語りはきちんとして細かかったが，それは単に，興奮して我を忘れることがないようにするためだった）［get the better of ～ は「～に勝つ」］

h. The first weeks of September would find him on the shores of his beloved gulf.　　(ibid.)

（九月の最初の週は，彼は大好きな湾岸に行っているだろう）

i. Oft in the stilly night, / Ere slumber's chain has bound me, / Fond memory brings the light / Of other days around me: / The smiles, the tears / Of boyhood's years, / The words of love then spoken;　(Thomas Moore)

（静かな夜にはよく，眠りが私を縛る前に，甘美な思い出が昔日の光で私を照らした。少年の日のほほえみと涙，交わした愛の言葉が）

j.　Golden slumbers kiss your eyes, / Smiles awake you
　　when you rise. / Sleep, pretty wantons, do not cry, / And
　　I will sing a lullaby:　　　　　　　　　　(Thomas Dekker)
　　（すてきな眠りが坊やのお目めにキスをする，目覚めて起きれ
　　ばにこにこ笑顔。おやすみ，かわいい甘えんぼ，泣かないで，
　　子守唄を歌ってあげるから）

　以上は「主語＋動詞＋目的語」の単純な構文だが，その後に副詞
句が続く複雑な構文になると，無生物主語はもっと積極的な働きか
けをしてくる。

(6)　Illness forced me to give up the job.
　　（直訳）病気がわたしにその仕事をあきらめることを強い
　　　　　　た。
　　（意訳）病気のために，その仕事をあきらめざるをえなかっ
　　　　　　た。

　この場合，主語はわたしの行為の原因を表している。つまり原因
となったものに主体性を持たせて，「〔原因〕が〔人〕に働きかけて，
〜という結果をもたらす」という発想の文になる。すなわち，病気
が原因で「わたし」は仕事をあきらめるようになったのだから，そ
の原因が擬人化され，それがまるで意志を持った人のように，「わ
たし」にあきらめるという行為を強いる存在となっている。そこに
は，人を主語にした主観的表現をする日本語とは違い，因果律とい
う観点から自分の置かれた状況を客観的に捉えようとする態度があ
る。自分に何らかの影響を与えるなら，それが人ではなく，物や状
況であっても，意志を持った主体として捉えられ，「わたし」はそ
の行為を受ける客体になる。もちろん owing to 〜 とか because of

〜 という表現で人を主語にしても言えるが，文章表現でもっとひんぱんに用いられ，かつもっと論理的で英語らしい文は，無生物主語を用いた他動詞文になる。

(7) a. The failure made deep lines come into her face.

(D. H. Lawrence, "The Rocking-Horse Winner")

（失敗のために彼女の顔に深い皺が刻まれた）

b. The picture reminded me of the happy days I had with my family.

（その写真を見てわたしは家族と過ごした幸せな日々を思い出した）

c. Long experience had taught him how to sell books to people who did not want them.

(G. C. Thornley, *True or Not*)

（長い経験のおかげで，本をほしくない人への本の売り方が分かっていた）

d. But fate did not intend this harmony to continue.

(Doris Lessing, "The Woman")

（しかしこの調和は続かない宿命にあった）

e. Perhaps it was her forty-seventh birthday that jolted her into a renewed awareness of her situation.

(Susan Hill, "How Soon Can I Leave?")

（たぶん 47 歳の誕生日を迎えたせいだろう，彼女は震える思いで改めて自分の状況を意識した）

主語の部分を文に換えて訳す必要のあるものもある。英語は文の形を整えるため，本動詞は一つに限定し，ほかは圧縮して名詞や不定詞に変え，本動詞に従属させてしまおうとする。こうすると核が

一つになり，秩序ある整った文ができる。日本語にはこういう傾向
はなく，動詞を連ねて柔らかく流す発想なので，英語の主語の「も
の」は「こと」にしたほうが日本語らしくなる。たとえば The
sight of dice made Jay Prakash shudder. (Alain Danielou, "The
Game of Dice") は，直訳すれば「さいころの光景がジェイ・プラ
カッシュを身震いさせた」となるが (shudder は不定詞)，名詞句の
部分を独立させて，Jay Prakash shuddered, when he saw the dice.
(さいころを見てジェイ・プラカッシュは身震いした) のようにしてやる
と日本語らしくなる。

(8) a.　My partner's trouble with her voice led me to change
the plan.

(As my partner had a trouble with her voice, I had to
change the plan.)

(パートナーの声の調子が悪かったので計画を変更しなければ
ならなかった)

b.　Two hours' walk will take you to the spot you want to
reach.

(If you walk two hours, you will get to the spot you
want to reach.)

(2時間歩けば行きたい場所に行けます)

c.　The intense attraction she held for him impelled him
to go after her.　　　　　(Erskine Caldwell, "The Dream")

(As she held the intense attraction for him, he was im-
pelled to go after her.)

(彼女には強烈な魅力があったので，彼はその後を追わずに
いられなかった)

18

d. The elevation of the place permitted a good lookout to
   be kept that no one was at hand.

   (Washington Irving, "The Devil and Tom Walker")

   (As the place was elevated, one could keep a good
   lookout there that no one was at hand.)

   (その場所は小高かったので，誰も近づかないように見張るた
   めのよい場所になった)

これらの文の直訳はぎこちなく不自然な感じを与えるが，日本の
小説ではこの種の表現が故意に使われることがある。通常のなめら
かな日本語とはかけ離れた，論理性や抽象性の強い独特の雰囲気を
作り出す。

(9) a. 父の側にいることがお前に殆んど無意識的に取らせてい
      るにちがいない様子や動作は，私にはお前をついぞ見か
      けたこともないような若い娘のように感じさせた。

      (堀辰雄『風立ちぬ』)

   b. 人生に対する行為の意味が，或る瞬間に対して忠実を誓
      い，その瞬間を立止らせることにあるとすれば，おそら
      く金閣はこれを知悉していて，わずかのあいだ私の疎外
      を取消し，金閣自らがそういう瞬間に化身して，私の人
      生への渇望の虚しさを知らせに来たのだと思われる。

      (三島由紀夫『金閣寺』)

前者では「様子や動作」，後者では金閣が擬人化されて，人に働き
きかける主体となっている。かなり硬い語感を与えるが，それが主
人公の思考方法であり，人生観にもなる。

英語の分詞構文の場合，よく主語の移動が起こる。日本語では視

点は一人の人に固定されるが，英語ではその人から離れて自由に動く。いわば外から個々のものを見ている感覚になる。

(10)　He circled the field, the sun making the top of his hair gold.　(Patricia MacLachlan, *Sarah, Plain and Tall*)

　この文では，主文の主語は He，分詞構文の主語は the sun であるから，そのとおりに訳すと，「太陽が彼の髪のてっぺんを金色に輝かせている状態で，彼は野原をぐるぐると回った」となる。この文は日本語としては変で，視点を統一して，「彼は，太陽に髪のてっぺんを金色に輝かせて，野原をぐるぐると回った」とするほうが自然である。次の文では視点（主語）が次々と移っている。

(11)　Sarah carried a sack into the barn, her hair wet and streaming down her neck, Papa came behind, Lottie and Nick with him, their ears flat against their heads.

(ibid.)

　こうした文は訳すときは単文に分け，それぞれの文の主語を焦点化して，「サラは納屋に袋を一つ持ってきた。髪は濡れて首に流れるように垂れていた。パパがその後からロティとニックを連れて入ってきた。犬たちの耳は頭にぺったりとくっついていた」としたほうが英語の発想に合っている。ただし，分解した分，文の構築性は失われる。同様に，The man lolled back in the corner of the seat, his legs stretched out, his arms folded and his head drooping on his breast. (Conrad, "Il Conde") といった文では分詞構文の主語はすべて目的語にして，「足を広げ，腕を組み，頭を垂れて，座席の隅にぐったりともたれていた」とすると日本語らしくなる。with his head drooping のように分詞構文の前に前置詞をつけることも

20

できる。この場合，分詞構文の主語だったものは，同時に，前置詞の目的語にもなるという二重の位置づけになる。

　自分を外から見るという発想は，電話などで相手のところに「行くよ」と言うときの I am coming. という言い方にもよく表れている。日本語では自分を中心に置いて，こちらから相手のところへ「行く」が，英語では視点は自分の外にあるから，その視点を相手に移して，そこから自分を客体として見ている。相手から見れば「わたし」は自分のところへ来ることになるから，その発想に基づいて，I am coming. となる。[2] You find me here very sad. (Conrad, "Il Conde") というせりふも，相手に視点を移し，そこから自分を見ているが，日本語の発想なら I am very sad. と言うべきところだろう。He found me alone in the house, reading by the kitchen table. (Sherwood Anderson, "Discovery of a Father") も，日本語の発想なら When he came back, I was alone in the house … となるところである。あるいは父が子供に言う You're thinking, he's gone crazy, loopy in the head … But I've thought it all out. (Michael Morpurgo, *Kensuke's Kingdom*)（お前はパパがいかれた，頭がおかしくなったって思っているだろう…でもパパ（私）が全部考え出したんだ）でも，父は子供の目から自分を見て he と客体化している。この he は I としてもいいところである。

　形式主語というものも，日本語には存在しない英語らしい発想で

---

[2] 日本語でも古語の「く」（来）には（恋人のもとに）「行く」意もあったが，今では消滅している（九州の方言には残る）。たとえば「今来むと言ひしばかりに長月の有明けの月を待ち出でつるかな」（素性法師）の最初の部分は，「すぐに行くよとあなたが言ってきたばかりに」の意。なお，セックスでエクスタシーに達することを日本語では「行く」と言い，英語では come と言うが，これも同じ発想。

ある。実質的な主語は別にあるから，形式上，主語が二つあること
になる。It is essential that you attend the meeting. という文にお
いて，主語である It は日本語に直すことができない。その代名詞
は，文頭の主語の位置に来る that you attend the meeting という
長い語句を後ろに回すことで生じた空白を埋めるための代用語であ
り，もっぱら文の形を整えるための働きをしている。この形式主語
it は古英語では使われないこともあったが，「主語＋動詞＋目的語
（補語）」という形式が支配的になるにつれて定着していった。こう
いう処置をすることで，文の輪郭（It is essential）を最初に提示で
き，その後で肉付けするので，聞き手にとっては相手の言いたいこ
とを早い段階でつかむことができる。日本語にはこうした機能を果
たす語はないため，文の最後まで聞かないと全体の趣旨をつかめな
い。この形式主語は You know, Gloria, it means a lot to me, you
coming out with me today.（Kingsley Amis, "Interesting Things"）（あ
のね，グローリア，私にとってはすごいことなんだ，君がきょう，私とデー
トしてくれたということは）のように動名詞を従えたり，It didn't
matter to her in the least where he had gone.（Jefferson Farjeon,
"Waiting for the Police"）（彼がどこへ行ったかは，彼女にとっては全然重
要ではなかった）のように疑問詞を従えることもある。あるいは天
候・時間・距離・状況などを表現するときも，It is raining., It is
five o'clock now., It is all right. のように it を主語にして文の形
を整える。Where does it hurt?（どこが痛いの）の it も形式的な主
語で，答えは，where を具体化して My leg hurts. のようになる。

3.　日本語特有の主語

　一方，日本語にあって，英語にはない主語表現もある。「秋は夕

日がきれいだ」、「きょうはぼくが運転する」のように、「〜は〜が〜だ（する）」という表現である。「は」も「が」も主語を示す助詞であるから、いわば主語が二つ並ぶ形になる。ただし、二つ並ぶ場合はその役目が区別される。すなわち、「は」は話題あるいは主題を提示し、「〜について言えば」といった導入的な意味になり、「が」は主語として、次に続く述語と結び付き、提示された話題に対する内容を述べる。文法的には「は」は副助詞、「が」は格助詞で、「は」自体に主格の意味があるわけではない。「は」は特定の語句を強調し、浮き立たせて叙述を導く語であり、「私が母を連れて行く」を「母は私が連れて行く」としたり、「先生には恋人がいる」「東京へは行かない」のように格助詞「に」や「へ」についてその語を取り立て、強調する。しかし文頭に来るので、英語の主語が持つような重みと響きがある。日本国憲法で「検閲は、これをしてはならない」（第21条）（英訳 No censorship shall be maintained.）と言うときも、「は」は、主語ではなく、主題の提示で、「〜について言えば」の意となり、内容的には「(国は) 検閲をしてはならない」ということになる。

　「は」と「が」の使い分けは日本人は自動的にできるが、外国人には難しい。それは、冠詞の使い分けが英米人は自動的にできるが、日本人には難しいのと同じである。この「は」と「が」の違いは、単独で使う場合を考えるとはっきりする。「わたしは行きます」という場合、「は」はわたしと他の人を区別する役割を果たし、他の人のことは知らないが、わたしに関しては行きます、という意味になる。つまり「あなたはどうしますか」という問いの答えになり、動詞が強調される。この「は」は、「わたし、行きます」「この服、大きすぎるな」「例の件、どうなった」のように話し言葉ではよく省略される。一方、「わたしが行きます」は、ほかの人は行かない

という状況の中で，「わたし」がみずから名乗り出て，行くという自分の意志をはっきりと表明する役割を果たす。つまり「誰が行きますか」という問いの答えになり，主語の「わたし」が強調される。「足が痛い」「この問題ができなかった」も同じで，主語を限定し，浮き立たせ，強調する。そして両方を使う場合は，まず「は」で主題を提示し，「が」で主語を限定して，述語を導き出す形になる。「きょうはぼくが運転する」だと，きょうに関しては，ぼくが運転する，と名乗り出ることになる。「秋は夕日がきれい」は，秋について言えば，（朝日でも昼間の太陽でもなく）夕日がきれいだ，ということになる。音声の点では，「は」も「が」もア段音であり，アの響きが連続して聞き手を先へ先へと誘導していき，その後に動詞のウ段音（「運転する」）や形容詞のイ音（「美しい」）で締めくくる。形容動詞（「きれい」）を「だ」で締めると，ア段音が三つ連続してリズミカルになる。いわば芽が出て茎が伸びて，最後に花が咲く形になろうか。また「きょうは父は機嫌がいい」のように「は」を二回続けることもできるし，「きのうは彼は夕食は食べなかった」のように三回続けることもできる。「きのう彼は夕食を食べなかった」という普通の文と比べると，「は」は前置きとして，次に何を述べるかと期待させる効果がある。「が」が二回続く場合もある。二つの文が重なる場合で，「それがぼくが好きな曲だ」「私がおばさんが来たときに話す」のようになる。「が」の三連続もあり，「それが日本人が英語がうまくならない理由だ」のようになる。

　文の構造面から考えれば，「秋は夕日がきれい」は，「秋は」と「夕日がきれい」に分けられ，「きょうはぼくが運転する」は，「きょうは」と「ぼくが運転する」に分けられる。つまり文は大きく主題の提示とその内容説明に二分される。そしてその内容説明が，さらに，「ぼくが・運転する」，「夕日が・きれい」のように，「主語＋述

24

語」に分けられる。したがって，構成上は「〜は」のほうが上位区分ということになる。「山里は冬ぞさびしさまさりける人目も草もかれぬと思へば」（源宗于）も，主語は「さびしさ」になるが，まだ主語として「が」が使われていない時代なので，山里が「は」によって引き立てられている。「春はあけぼの」という体言止めの表現も，「春は・あけぼのがよい」ということであるから，春が主題，あけぼのは省略された述語の主語になる。したがって，「きょうはぼくが運転する」だと，「運転する」こと自体は積極的な主張を表すが，文全体が「〜は〜だ」という内容説明だから，「〜は」のほうが焦点化され，「〜が」は二次的になる。ただし語句を入れ替え，「ぼくがきょうは運転する」とすると，文頭に置かれることで「ぼくが」のほうが強調される。英語では Today I will drive. か I will drive today. かの語順の違いであろうが，英語では同じ語順で強調したい語を強く発音して目立たせることもできる。この「〜は〜が〜だ」を英訳すると，多くの場合「〜は」は副詞扱いで二次的となり，「〜が」が主語として焦点化されるので，日本語とは強調される箇所がずれる。先の山里の和歌の英訳も，Winter loneliness / In a mountain hamlet grows / Only deeper, when / Guests are gone, and leaves and grass / Withered are; —so runs my thought. (Clay MacCauley) となり，「山里は」の部分は「さびしさ」に従属して目立たなくなってしまっている。日本語の感覚では「山里は」に相当する In a mountain hamlet を文頭に出してほしいところである。全体的な印象として「〜は〜が〜だ」は，「主語＋述語」の部分が「〜は〜だ」の枠の中に組み入れられるので動きが抑えられて穏やかな語感になるが，英語ではその部分が中心になって浮き立つので直接的

な強い語感になる。[3]

　この「は」と「が」は，話し言葉では必ずしも必要ではない。「わたし，困ります」，「わたし，しましょうか」は，「は」と「が」で補えるが，補わなくても分かる。古典では，先の『竹取物語』のように主語を明示しないことが多く，また示される場合でも，助詞はつかないことが多かった。

(1) 「昔，男ありけり。その男，身をえうなきものに思ひなして …」　　　　　　　　　　　　　　　　　　　　　　（『伊勢物語』）

　この文を現代語にすれば，「昔，男がいた。その男は自分を役に立たない者と思い込んで …」となる。現代文から「が」や「は」を抜くと，おかしな文になる。

(2) 「鳥は，… あうむ，いとあはれなり」　　　　　　　（『枕草子』）

　この文は，「鳥は … おうむがとても情趣がある」の意であり，「～は～が～だ」という構文である。しかし古代では主語に「は」はついても，まだ「が」はつかない。「が」は本来は「我が祖国」のような連体助詞として使われ，「我が愛する祖国 → わたしが愛する祖国」のように主格を表すようになったのは中世以降，貴族の時代から武士の時代になってから，情緒的表現よりも論理的な表現を好むようになってからである。現代では英語の影響もあって論理性を重

---

　[3] 英語の場合，日本語の二重主語のようなものはないが，目的語にはある。I kissed her on the forehead. のような文で，焦点は人にあり，よってまず目的語として人を示し，次に行為が及ぶ箇所を副詞句で限定する。キスする対象が二つに分けられているが，これは日本語では訳し分けられず，「彼女の額にキスした」としか訳せない。I kissed her forehead. とした場合は，焦点は人ではなく，forehead という箇所に限定される。

んじるため，文に書くときは「は」や「が」を必ずつけて文のつながりをはっきりさせる。助詞は文における名詞の位置と意味を限定し，単語と単語をしっかりとつなげる役目を果たすから，それが抜けると，まるで前歯が抜けたように，間の抜けたおかしな文章になってしまう。[4]

　この「は」と「が」は文によっては曖昧性が出てくる。「春雄は秋子が好きだった」は二つの読み方が可能で，一つは，春雄が主語，秋子が目的語で，英語では Haruo liked Akiko. になる。もう一つは，秋子が主語，春雄が目的語になる場合で，春雄のことは，秋子が好きだった，ということで，英語では Akiko liked Haruo. になる。これは「好きだ」が形容動詞のため，「好き」の対象を示すのに「～が」という格助詞を要求するためである（文法的には間違いだが，「を」をつけて意味を明確にすることもある）。同様に，「彼が帰らせた」は，彼が誰かを帰らせた意で，彼は帰った人ではないが，「彼は帰らせた」とすると，彼については（私が）帰らせた意で，彼は帰った人になる。しかしながら，場合によっては，（他の人は違う判断をしたかもしれないが）彼は（誰かを）（とどまらせるのではなく）帰らせたの意にもなる。こうした曖昧性は日本語が状況に依存し，省略をよくするためである。英語の文は状況から独立し，それ自体で意味が分かるが，それでもあいまいな表現がないわけで

---

[4] 明治に作られた大日本帝国憲法第一条は復古調の文語体で書かれ，「大日本帝国ハ万世一系ノ天皇之ヲ統治ス」とあって，天皇に「ガ」がついていない。文語体ではついていない方が歯切れがよく，格調高く響く。さらに「ハ」で提示したものを「ヲ」で受けており，これもいかめしい印象を与える。この英文訳は The Empire of Japan shall be reigned over and governed by a line of Emperors unbroken for ages eternal. で，内容的に重い語句を文末に置く形になっている。

はない。たとえば The child is too young to understand. は,「その子供は若すぎて(〜を)理解できない」だが, The child is too young for us to understand (him). (その子供は若すぎて我々には理解できない) の意にもなる。前者では the child は主語,後者では目的語になる。どちらになるかは文の前後関係で限定されて決まるが,その一文だけを取り出すとあいまいになる。ただし例はそう多くない。

第 2 章　語　順

1.　語順の逆転

　言いたいことを伝えるのに，どういう順番でそれを伝えていくのか。重要なことを先に伝え，後で細かいことを付け加えるのか，それとも細かいことを述べた後で，結論として重要なことを言うのか。そのやり方は，人により，また状況により異なる。しかし言語の場合，この提示の仕方は文法的にはっきりと決まっている。重要なことを最初に持ってきて早く相手に伝えようとするのが英語であり，重要な語を最後に持ってきて，それで全体を締めくくろうとするのが日本語になる。

　重要なこととは，まず「誰がどうした」という叙述の部分である。動詞 verb の語源は word（言葉）で，動詞が言葉の中で最も重要なことからその名がついた。だから英語では動詞をなるべく前に持っていき，日本語では後ろに置くことになる。同時に，その叙述の方向づけが重要になる。英語では，何かを聞くときは Do you ~ ?, 否定するときは I don't ~，助動詞を使うときは I can ~，時を表すときは He went ~ などのように，文の性質や方向付けを決める

語を最初のほうに置いて，これから述べる文が何を言おうとしているのかを早い段階で明確にする。それに対し日本語は，「〜ですか」，「〜ではありません」，「〜できます」，「〜しました」のように，それらの語を文の最後に置く。だから日本語は最後まで聞かないと何を言いたいのか分からないことになる。when や what などの疑問詞も，英語では文頭に置いて何を聞きたいのか明確にするが，日本語では，文頭だけではなく，「彼は何をしたの？」「これをしたのは誰？」のように文中や文末にも置く。命令形でも，英語は Go away from here immediately! のように文頭で分かるが，日本語では「すぐにここから出ていけ」と逆になり，最後の言葉を聞かないと分からない（「出ていくな」と言うかもしれない）。

　もっとも，日本語にも前もって文の方向づけを示す用例はある。平安時代であれば，「や，か」（疑問・反語）あるいは「こそ，ぞ，なむ」（強意）という係助詞を，文末ではなく文中に入れる用法（係り結び）があったが，その後，消滅した。たとえば，「いづれの山か天に近き」（竹取物語）なら文中の「か」で疑問と分かる。また「するな」の「な」も，「月な見給ひそ」（竹取物語）のように文中で分かった（文末の「な」と比べると穏やかな禁止になる）。現代であれば呼応の副詞や副助詞がよく使われる。文の最初や途中に，「実は」と入れれば「〜である」という叙述，「たぶん，きっと，おそらく」であれば「〜だろう」という現実に基づく推測，「もしかすると，ひょっとすると」だと「かもしれない」という仮定に基づく推測になる。「決して，少しも，全然」とすれば，最後は「〜ではない」という否定，「ぜひ，どうぞ」だと「〜してください」という願望になる。副助詞（係助詞）では，「君こそ〜だ」，「三個しか〜ない」「誰か〜してくれ」のように文末が結ばれる。あるいは，「お聞きしますが」「申し訳ないが」「できれば」としても文は方向づけられる。

　平叙文（つまり命令文・感嘆文・疑問文ではない叙述の文）では「誰が（何が）どうした」ということが伝えるべき重要な事柄である。英語で一番多く使われるのは他動詞文であり，「どうした」の部分は「何を・どうした」となって，「主語＋動詞＋目的語」の形を取る。主語が文頭に来るのは文を支配する中心だからであり，次に来る動詞の形を決定し（三人称・単数・現在なら -s をつける），その後に，その行為の向けられる対象を目的語として従える。これが文の中核を成し，それに付随する状況，つまり，いつ，どこで，どのように，といったことは，基本的にはその後に並べられる。したがって，聞き手は最初の中核の部分で相手の言いたいことの輪郭を知ることができ，続く副詞（句・節）等で細かなことを知り，話を肉付けしていくことになる。

(1)　I met Jane unexpectedly in the park last Saturday, when I took the dog for a walk there.

　　　（先週の土曜日，公園で犬を連れて散歩していたら，偶然にもジェインと会った）

この文では最初の I met Jane が核の部分となり，そこに，unexpectedly, in the park, last Saturday, when I took the dog for a walk there という四つの副詞，副詞句，副詞節が付け加えられている。形としては，まずまとまった中心部分があり，そこから修飾語句が連続して展開していく開いた構造を取る。中核部分でも「動詞＋目的語」の結び付きは比較的固く，それで一つのまとまりを成す。そのまとまりと主語との間には always, often, seldom などの頻度を表す一語の副詞を初め，will, can などの助動詞，否定語が入り，さらには副詞句・節などの挿入語句も入る。

　一方，日本語の場合，「誰がどうした」の「どうした」の部分（述

語）は文の一番最後に来る。述語は名詞・動詞・形容詞・形容動詞
のどれかで，それに助詞・助動詞がついて文の中心的な部分をな
す。主語は文の最初のほうに置かれるが，主語が自分や相手，ある
いは容易に推測できる場合はあえて示さない。他動詞の場合でも英
語ほど動詞と目的語の結び付きは強くなく，「ケーキをお店でおい
しくいただいた」のように目的語と動詞の間には平気で副詞が入り
込む。さらに状況から分かれば目的語は省かれる。英語では省か
ず，代名詞という軽い語で残し，形を整えるところである。また
「散歩をした」は「散歩した」とも言え，「を」がなくなることで「散
歩」は名詞（目的語）ではなく，自動詞になる。語感としては，強
調としての「を」がなくなり，なめらかになる。「する」のつく複合
語はすべてそうで，勉強する，心配する，恋するなど，自動詞と他
動詞の区別はあいまいになる。いつ，どこで，どのように，といっ
た修飾語句は動詞の前に並べられ，文は最後の述語をもって完結す
る。だから，いくつかの修飾語句を並べた後，最後に述語で締めく
くられる閉じた構造になる。この構文では，述語が最後に来るま
で，文の輪郭さえ分からず，聞き手は宙ぶらりんの状態に置かれる
から，英語のように長々と文を続けることができない。日本語で
は，「先週の土曜日，公園で偶然にもジェインと会ったんだ。犬を
連れて散歩しているときにね」と二つの文に分けたほうが理解しや
すいし，英語の語順とも合う。

　文を比較すると，英語では主語が文頭に来て，その後の文を支配
する。一方，日本語は述語が文末に来て，その前の語句をまとめ
る。「〜が・〜で・〜と・〜を」といった「名詞＋格助詞」で構成さ
れる修飾語は，動詞が支配する要素であり，基本的にはどれも対等
で，並べ方は自由である。主語と目的語も，英語では文の要だが，
日本語では動詞が支配する一要素であり，省くこともできる。主語

は述語の対になるものであり，ほかの修飾語とは区別されるが，その独立性は弱く，修飾語の一つと見ることもできる（三上章は主格補語，対格補語という名称を用いる）。

　述語を構成する語の語順を比較すると，助動詞は，英語では動詞の前，日本語では動詞の後に来る。「叱られちゃったね」は，「しか・られ・ちゃっ・た・ね」と分解でき，「動詞＋助動詞（受身）＋補助動詞＋助動詞（完了）＋終助詞」の順になる。これは土台となる「しかる」にさまざまな語が後ろに付け足されていく形になる。修飾語と違い，この述語の語の順番は決まっており，自由に入れ替えはできない。日本語は相手を見て話すため，文の締めくくりは相手を意識する言い方になる。「ね，よ，な，わ」といった終助詞は断定を避けて語尾を柔らかくする効果を持つ。「叱られたくなんかなかったろうにね」だと，「しか・られ・たく・なんか・なかっ・たろ・う・に・ね」と分解でき，その品詞の内訳は，「動詞＋助動詞（受身）＋助動詞（希望）＋副助詞＋補助形容詞＋助動詞（過去）＋助動詞（推量）＋終助詞＋終助詞」のようになる。先の文に「たい」とか「ない」という語が入り込むが，その位置は決まっている。大きく分ければ，述語は，「叙述＋話し手の判断（推量など）＋聞き手への働きかけ（終助詞など）」という順で展開される。英語にすると He surely would not want to be scolded. となり，「強調（副詞 surely）＋推量（助動詞 would）＋叙述」となって，強調は聞き手に対するものだから，意味の展開の順番はほぼ日本語とは逆になる。文で最も重要な動詞を後方に置く日本語は，最後の締めくくりの表現で話し手の意図や感情を示そうとするのに対して，動詞を前方に置く英語は，最初に話し手の意図を示そうとするためである。

　ラフカディオ・ハーンに日本語をその語順のままに英訳した文がある。

(2)　That to make pleased the honorable guest everything has
been done, the truth is; but the honorable guest too much
august, saké having drunk, bad dreams has seen.

　　　　　　　　　(Lafcadio Hearn, "The Story of the Futon of Tottori")

（お客様をお喜ばせするために準備万端整えたのでござりまする
ぞ。なのにご立派この上ないお客様はお酒を召し上がって悪い夢
を見られたのです）

　英語の本来の語順なら The truth is that everything has been
done to make the honorable guest pleased; but the honorable
guest too much august has seen bad dreams, having drunk saké.
となるところであるが，特に後半部は，日本語の語順に合わせて
「目的語＋動詞」の形になっている。the honorable guest の honor-
able は「お〜様」の敬語を表した語，受身表現なのは日本語には主
語が現れないためだろう。the truth is を文末に置いているのは終
助詞のつもりだろうか。彼はさらに，Thee to please all things
honorably have been done: nevertheless, ill-omened and vexatious
words thou utterest. And that my inn my means-of-livelihood is
—that also thou knowest. （あなたを喜ばせるためにあらゆることをき
ちんといたしました。なのに不吉で腹立たしいことをおっしゃる。この宿
屋が私の生活手段ということもあなたはご存知だ）という表現もしてい
る。日本語に合わせようとしたために，英語としてはかなり読みに
くい文になっている。

　詩は文法よりもリズムを優先させるから倒置形がひんぱんに起こ
る。Higher still and higher／From the earth thou springest／Like a
cloud of fire;／The blue deep thou wingest,／And singing still dost
soar, and soaring ever singest. (P. B. Shelley, "To a Skylark") （高く

もっと高く／おまえは大地から　飛び立つ／火の雲か／青い天空にかけの
ぼり／うたいつつ翔け　翔けつつうたう）（上田和夫訳）は，副詞句や目
的語の後に動詞が置かれるために，ほぼ日本語の語順と重なる。
Ever-returning spring, trinity sure to me you bring, / Lilac bloom-
ing perennial and drooping star in the west, / And thought of him
I love. (Walt Whitman, "When Lilacs Last in the Dooryard Bloom'd")
（巡り来る春は三つのことを必ず私にもたらしてくれる／毎年咲くライラッ
クと西に傾く星／そして愛する彼（リンカーン）への思いを）もまた一行
目は動詞の前に目的語などが置かれることで日本語の語順と同じに
なっている。

2.　積み木型とふろしき型

　英語の「主語＋動詞＋目的語」（SVO）という語順は，歴史の初
めからそうだったわけではない。英語は屈折語であるインド・ヨー
ロッパ語に属し，名詞，動詞，形容詞などは文中におけるその役割
に応じて語尾が変化したから，その形で文を理解でき，語順はそれ
ほど重要ではなかった。今でもスペイン語などは語順が自由で，動
詞が文頭に来ることもよくある。しかし英語は，中英語から複雑な
屈折を失って単純化していき，その代わりに語順が文の意味機能を
担うようになった。たとえば a cat a mouse attacks ではどれが主
語か分からないから，SVO という形で固定し，動詞の前は主語，
動詞の後は目的語と決めて意味を確定した（この点で中国語と似て
くる。中国語の語順は最初から「主語＋動詞＋目的語」。中国語は
インド・ヨーロッパ語族ではなく，シナ・チベット語族で，屈折を
持たず，純粋に語順だけで意味を表す）。
　もっとも，屈折の強かった古英語の時代でも平叙文は SVO が優

勢ではあった。同じゲルマン語のドイツ語は，今でも屈折をとどめながら，SVO が基本である。ドイツ語には動詞は必ず文の 2 番目に来るというルールがあり，動詞を定位置に置き，早く明確に伝えることが言語精神としてある。古くは英語やフランス語にもそのルールがあり，文頭は主語でも目的語でも副詞でも何でもよかったが，2 番目は必ず動詞であり，もし文頭が副詞（then, there, not など時・場所・否定を表す語）なら，その順番は「副詞＋動詞＋主語＋目的語」となった（英語は今は否定の副詞が文頭に来るときだけ倒置）。ただし，ゲルマン語の元となるインド・ヨーロッパ祖語は SOV が基本だったと言われている。ラテン語もそうで，各品詞に強い屈折があるため，語順は自由だったが，散文では SOV の形を取り，修飾語なども動詞の前に置かれ，動詞が文を締めくくる形が多かった。サンスクリット語，ヒンディー語など，インド・ヨーロッパ祖語から派生したアジアの諸言語もその語順をとどめたが，英語，ドイツ語，フランス語などは，SVO の方向に変化していった。その原因は，機能的には，SOV よりも SVO のほうが必要な情報を早く伝えられるからであろう。最も重要なことは「誰が・どうした」で，「何を」は「どうした」に付随する。だから動詞を先行させたほうが，目的語を先行させるよりも要点を早く理解しやすい。ドイツ語で動詞が 2 番目に来るのもその重要性のためであろう。認識方法としても，何か出来事が起こる順番として，まず行為者がおり，ついでその行為者の行動があり，そしてその次に行為の向かう対象，あるいは結果が浮かび上がる。喩えれば，まず弓を引く人がおり，次いで矢が飛ばされる行為があり，そして次に矢の当たる対象が現れる。だから客観的な行為としては SVO の順のほうが物事の起きるさまを自然に理解できる。

　英語は SVO の発想が徹底している。ドイツ語は主節こそ SVO

だが，従属節では SOV となったり，主節でも助動詞が 2 番目に来るときは動詞は最後に置かれるといったように，古い語順を残している。だから Ich werde bald Deutsch lernen（= I will soon German learn. 私はまもなくドイツ語を学びます）だと日本語とほぼ同じ語順になる。フランス語も早くから細かい屈折を失い，SVO になったが，目的語が代名詞のときは SOV の形になり，先祖返りする。英語の場合も，古英語の初期では，従属節は SOV，等位接続でもしばしば SOV，目的語が代名詞のときも SOV が多かったが，後期にはすべて SVO に移行した。

　この語順の固定は SVO という骨組みだけではなく，助動詞や形容詞や副詞を含めた文全体に行き渡る。まず will, can などの助動詞は，主語（主体）の主観，あるいは主語に対する語り手の主観を表すから，主語の直後に置かれる。二重目的語は「間接目的語＋直接目的語」の順で，入れ替える場合は，混乱を避けるため，間接目的語の前に to, for といった前置詞をつける。古英語と違い，名詞が与格，対格などの区別を失ったための代償措置である。副詞は基本的には述語（動詞＋目的語）の後に置かれるが，副詞がいくつか並ぶ場合，その順番は，ルールではないものの，だいたい決まっている。I met Jane unexpectedly in the park last Saturday, when I took the dog for a walk there. という文だと，述語（met her）の後は，まず様態（unexpectedly），次いで場所（in the park），次いで時間（last Saturday），次いで副詞節（when I took the dog for a walk there）となる。ただし語句の長さ，強調や発音のしやすさなどのために順番が入れ替わったり，時に文頭や文中に移ったりもするが，基本的にはこの順になる。日本語にはこの決まりはなく，並べ方は自由であるが，だいたい英語とは逆に，時間，場所，様態の順になる（「先週の土曜日，公園で，偶然にも」）。

　また場所や時間を限定する場合は，英語では「狭いもの＋広いもの（中心＋周辺）」の順になる。たとえば，at some bookstore in Tokyo, at three o'clock yesterday のようにである。日本語はここでも逆転し，「東京の本屋で」「きのう３時に」のように，広いものから狭いものへと限定していく。だからここでも，英語には開いていく感覚があり，日本語には閉じていく感覚がある。この副詞（句）の語順に対しては，ドイツ語も，英語ではなく，日本語とだいたい同じになる。だから英語は，屈折語尾を失った分，徹底して順番を理論化，定式化しているという印象を受ける。ただし副詞の一方に修飾語がついて長くなれば，理解のしやすさから入れ替えが起こる。I grew up in the west of Ireland, in a grey cut-stone farmhouse, which my father inherited from his father. (Edna O'Brien, "The Rug")（私はアイルランド西部の，父が祖父から受け継いだ灰色の切り石造りの農家で育った）は「広い場所＋狭い場所」，Captain Forster took his tea every afternoon in a café where there was a charming waitress. (Doris Lessing, "The Woman")（フォースター船長は午後はいつも，魅力的なウエイトレスのいるカフェでお茶を飲んだ）は「時間＋場所」の順になる。また強調のため，普通の語順を崩し，強調したい語句を文末に置くこともある。[She] unfortunately was obliged to retire to her own room every evening at nine o'clock for reasons of health. (ibid.)（健康のため，毎晩九時には部屋に下がらなければいけなかった）では，早くも九時にという感覚を強めるため，「広い時間＋狭い時間」の順になっている。

　名詞を修飾する形容詞の順番も，日本語では自由だが，英語では決まっている。形容詞の位置は名詞の前であり，her three strange companions とか these seven happy years of marriage のように，「限定詞＋数詞＋形容詞＋名詞」という順番になる。また形容詞が

38

複数ある場合は，「主観的な判断を示す語＋客観的な語（大小＋形状＋新旧＋色＋材料・所属）」となり，たとえば nice long red pencils のようになる。これは，beautiful, interesting, pretty, horrible などの主観的な印象は最初に置き，形や色など，名詞に付随する客観的な事実は名詞の近くに置く形になる。だから「古き良き時代」は，the old good days ではなくて the good old days，「イギリスの若く美しい娘」は an English young beautiful girl ではなく，an beautiful young English girl となる。日本語では形容詞の配置は自由ではあるが，「すてきな長く赤い鉛筆」とするよりも，英語とは逆に，主観的なものは名詞に直結させて，「長くて赤いすてきな鉛筆」とするほうが落ち着く。さらに英語は，形容詞がいつでも名詞の前に置かれるのではなく，複数になると，[She had] a feeling as though a plateful of Christmas pudding, soft, dark, and rich, had been placed before her. (John Galsworthy, "Once More") （まるでお皿いっぱいの柔らかくて黒っぽくておっきなクリスマス・プディングが目の前に置かれたように感じた）とか It was a soundless noise, yet rushing and powerful. (Lawrence, "The Rocking-Horse Winner") （その音は静かだったが，勢いがよく，力強かった）のように，名詞の後ろに置くこともある。[1] 前に置かれる場合と比べると，独立し，強調されて浮き立つ感じになる。コンマは，読む際にそこに一拍おく

---

[1] 英語の語順は，日本語とは逆に，Do you ～ ? の do，go to Tokyo の to のように，文を方向付ける語が最初にあるから理解しやすい。だから形容詞についても，フランス語（あるいはラテン語派生のスペイン語やイタリア語，あるいはタイ語やインドネシア語）のように「名詞＋形容詞」のほうが合理的に思えるが，実際には日本語と同様，「形容詞＋名詞」である。古英語では形容詞が一つのときは名詞の前だが，二つだと「形容詞＋名詞＋形容詞」，あるいは「名詞＋形容詞＋形容詞」の形を取った。その形は今では例外的である。

ので，聴覚的にも強調されている。さらに関係代名詞や分詞を用い
た長い形容詞句・節がつく場合は，名詞の後につなげる。たとえ
ば，I remember the strange man who talked to me three days ago
as if he knew me well. のようになる。現在分詞を使えば，the
strange man talking to me three days ago ... となる。どちらの場
合も，長い形容詞句が名詞の後ろに続くから，文の前半の骨格部分
で話の輪郭をつかみ，後半の肉付けの部分で詳細を知ることにな
る。日本語の場合，修飾語句はすべて名詞の前に置く。だから先の
文は，文法どおりに直訳すれば，「三日前に，まるでわたしをよく
知っているかのように話しかけてきたおかしな人」となり，最後の
名詞を聞き取るまで輪郭がつかめない（だから単文に分けるほうが
分かりやすい）。

　副詞は述語の後に置かれたが，同じように，副詞句・節も，主文
の後ろにどんどんつなげていく。

(1) a.　She sat on the sofa, a little flushed and self-conscious
　　　　in new clothes.

　　　　（彼女は新しい服を着て，少し赤面し，恥ずかしそうにソファ
　　　　に座っていた）

　　b.　She lay all night, too terrified by the roaring of the
　　　　wind and seas to get out of bed and do anything about
　　　　it, only whimpering a little with cold and fright, re-
　　　　membering how close the cottage came to the water,
　　　　how vulnerable she was.

　　　　　　　　　　　　　　　（Susan Hill, "How Soon Can I Leave?"）

　　　　（彼女は一晩中横になったまま，風と波の咆哮にすっかり怯え
　　　　てしまい，床を出て何か策を講じることもできなかった。そし

て自分の小さな家がどれだけ海に近いか，どれだけ自分が傷つ
きやすいかを思い出し，寒さと恐怖で，めそめそと少し泣くだ
けだった）

c. Another moment, and the great white-faced Lassie was
curving and gamboling with delight round my feet and
legs, looking, however, up in my face with her intelli-
gent, apprehensive eyes, as if fearing lest I might greet
her with a blow, as I had done oftentimes before.

(Mrs. Gaskell, "The Half-Brothers")

（次の瞬間，白い顔の大きなラッシー（犬）は，私の足の周りを
喜んでぐるぐると跳ね回っていた。ただ，私の顔を見上げる目
は賢くも不安そうだった。私が以前よくそうしたように，私が
あいさつ代わりに殴りはしないかと恐れていたのかもしれない）

このように，英語は発想がきわめて直線的で，文は，主語から出
発して，動詞も目的語も副詞も，決められた順番に従って展開して
いく。それは「主語＋述語」で土台を作り，その土台の上に修飾語
句をどんどん追加していく積み木型と言っていい。最初の土台の部
分で骨組みは示されるから，理解は建設的，発展的である。

一方，日本語では，最初のほうに主語，最後が述語で，これで「誰
がどうした」という枠を作り，その間に修飾語句が入るが，並べ方
に決まった順番はなく，いわばごちゃ混ぜに置かれる。いわば風呂
敷きにいろいろなものを入れ，最後にまとめ，締めくくる形であ
る。だから，英語が直線式，積み木型なら，日本語は円環式，ふろ
しき型の構図と言っていい（ドイツ語も，分離動詞や助動詞を含む
文では定動詞要素が文末に来る点で日本語と似る）。したがって，
英語は積み木を積むようにどんどん文を伸ばせるが，日本語は，袋

にいろいろ詰め込む形になり，あまり詰め込みすぎると，担いきれ
ず，袋が破れてしまう，つまり，文が破綻する。だから英語のよう
に長い文を作るのは無理で，言いたいことを切って分けたり，〜し
て，〜して，といった形で文をつなげていくほうが理解しやすくな
る。

　ただし，文が破綻するといっても，日本語は文の完結した論理で
はなく，読者への働きかけが重視されるから，文法の多少の破綻は
あっても気にならない。たとえば次の文。

(2)　それをカムパネルラが忘れる筈もなかったのに，すぐに返
　　　事をしなかったのは，このごろぼくが，朝にも午后にも仕
　　　事がつらく，学校に出てももうみんなともはきはき遊ばず，
　　　カムパネルラともあんまり物を云はないやうになったの
　　　で，カムパネルラがそれを知って気の毒がってわざと返事
　　　をしなかったのだ，さう考へるとたまらないほど，自分も
　　　カムパネルラもあはれなやうな気がするのでした。

（宮沢賢治「銀河鉄道の夜」）

「すぐに返事をしなかったのは」という表現から期待される受け
の言葉は，「〜だったからである」とか「〜のためだった」である
が，文は「それを知って気の毒がって返事をしなかったので」とな
り，期待された結びの言葉は消えている。しかしだからといって意
味が理解しにくいということはない。日本語では，鉄の枠組みのよ
うな論理は絶対的なものではなく，むしろ柔らかな流れのほうが好
まれる。次の文も文法という点では破綻があるが，意味が不明にな
ることはない。

(3) a.　東京の借家住居ではとても庭樹，庭草に好みを充たす術

もないので，その頃，いつかは自分の土が欲しいと願っていたが，大正の中頃，武州の金沢にさる知人の別荘で手頃なのを，ふとした機会から譲り受けて，はじめて自分のものとしての土の上に根を下した木や草をもつことを，その時どんなに悦んだことか…　　（鏑木清方「庭樹」）

b.　夏が来ると思うと私の裡<ruby>裡<rt>うち</rt></ruby>に浮んでくる感慨を書きたかったのだが，その感慨というのが，凡<ruby>凡<rt>およ</rt></ruby>そ話になぞなる種類のものではなく，忽ちに変る停車場のプラットホームの一瞬の景色が，その後永く印象に残って，たったそれしきのことにもせよ，眼に浮ぶたびには身も世もあらぬ気持になったりもするのであるが，それを描き出そうというには，私の筆はあんまり拙<ruby>拙<rt>つたな</rt></ruby>い。　　（中原中也「夏」）

　最初は日本画家，次は詩人の文だが，どちらも論理に縛られず，感情のまま，筆の流れるままに書き連ねている。

　英語は動詞を前に移すことで要点を早く伝えるが，日本語でも，会話においては，倒置形を使うことで要点を早く相手に伝えることができる。小津安二郎の映画からせりふを拾ってみる。

(4) a.　散歩に行ったのよ，自転車で／いい気持ちだったわ，七里ガ浜／食べる？　パン／すべては摂理よ，神様の／もうあんたと広川さんだけよ，お嫁に行かないの／行っちゃいなさいよ，早く／私も食べるんだ，実は／外へ出ちゃだめよ，きょう／どうだったい，おばさんのとこ／見てみなよ，これ／のんきすぎるわよ，兄さんも／見合いでいいのよ，あんたなんか／行ってくれるって，思ったとおり／いいんだね，そう返事して／京都はいいですねえ，のんびりしてて／いいさ，そんなこと／でもとて

も楽しかった，京都／なるんだよ，幸せに／いい按配{あんばい}
だったよ，お天気になって／およしなさい，そんなもの
おもらいになるの，だめよ，もらっちゃ　　　　（『晩春』）

b.　ちょいと，いいの，もう時間ぎりぎりよ／知らないわよ，
遅れても／どうだい，店の方／でもお前はよかったよ，
早く見切りをつけて／君なんかも今のうちだぜ，やめる
んなら／いらないわよ，もう／きょうのうまいんだよ，
よく染みてて／こわい方がいいのよ，奥さんは／このア
イロン具合悪いわね，ぐらぐらして／やぶれてるわよ，
枕カバー／あんたいいわね，のんきで／早いこともある
のよ，たまには／きょうの夕刊に出てたろ，大森でト
ラックが子供ひいたって／だめじゃない，そのパイプ／
この中にかりんとう入れてきたの，ほんの少し／そこに
女が帰ってきたの，お風呂からよ，このへんべったりお
しろい塗って，お豆腐買って，いやな女，いっぱい金歯
入れて／会いたそうだったわよ，あんたに／えらい目に
あっちゃった，ゆうべ／変ね，この頃／ありがてえよな
あ，かみさんってものは／どうして杉が買ってくれるの，
わたしに／いてもらった方がわたしはいいのよ，便利で
／あ，行くわ，汽車　　　　　　　　　　　　（『早春』）

　これらの文では言いたいことが先に来，その後で付け足しが来
る。まとまりが二つできるので，リズムの点でも歯切れがいい。日
本語の語順はSOVだから，SVOにすると倒置形になるが，ちょ
うど中世において本来の終止形が廃れ，連体形がそれに取って代
わったように，もしその形がはやり，書き言葉にも浸透し，それが
50年も続けば，その形が基本になり，日本語もSVO式になるか

44

もしれない。

　倒置形は詩や短歌でもよく使われる。

　(5) a.　夢はいつもかへつて行つた　山の麓のさびしい村に／水
　　　　　引草に風が立ち／草ひばりのうたひやまない／しづまり
　　　　　かへつた午さがりの林道を　　　　　　　　（立原道造）
　　　b.　やはらかに柳あをめる
　　　　　北上の岸辺目に見ゆ
　　　　　泣けとごとくに　　　　　　　　　　　　　（石川啄木）
　　　c.　忍ぶれど　色に出でにけり　我が恋は
　　　　　物や思ふと　人の問ふまで　　　　　　　　（平兼盛）
　　　d.　うらうらに　照れる春日に　雲雀あがり
　　　　　情悲しも　独りし思へば　　　　　　　　　（大伴家持）

　倒置形にするのは，一つには文が細かく切れ，リズムができて，
歯切れがよくなることがある。また一つには，言い切りで終わるの
ではないから，余韻が残る。古語でも，「春はあけぼの」といった
体言止めや「郭公や聞きたまへる」といった係り結びは文が途中で
切れることで余韻や余情が出て，それが好まれた。ただし今日，倒
置は主に詩や会話の場合であり，文章の場合は言い切るほうが力強
く論理的な書き方になり，好まれる。

3.　導入＋本題

　しかし英語はいつも必ず最初に重要な語句が来るというわけでは
ない。そもそも SVO の形ばかり連続すると，ワンパターンで変化
がなくなる。だから一連の文の中では，変化を出したり，話の流れ
をスムーズにするために，いろいろな工夫をする。それは日本語の

文末が，書き言葉では「〜（し）た。〜（し）た。〜（し）た。」，あるいは「〜である。〜である。〜である。」というように同じ表現が連続しがちなのと同じである。日本語はその単調さを破るために，「だろう」「かもしれない」「できる」「ではないか」といった表現を差しはさむ。話し言葉では終助詞をつけて，「する」なら，「するの・するかしら・するね・するさ・するよ・するぞ・するぜ・するわ・するとも・するか・するかな・するもん」，あるいは「よくするなあ・よくすること」などとも言える。来いと催促するときにも，英語では come を連呼するしかないが，日本語だと，「こちらに来なさい。早く来るように。おい，早く来たまえ。何をしているんだ，早く来な。こっちへ来るんだ。来いったら来い！ …… ねえ，いいかげんに来て下さいよ」などと言える。終助詞は聞き手に対する話し手の感情が色濃く出る部分であり，ある意味ではその前に置かれる本文以上に重要な箇所である。

　単調さを避ける英語の話し方としては，まず導入部を置き，それで聞き手の注意を引き付けて，その後に中心となる文を置く方法がある。導入でもっとも簡単なものは話し手の気持ちを表す副詞（句）で，多く文頭に来て，前置きとして，その後の叙述を導く。fortunately, regrettably, probably, certainly, evidently, honestly, briefly, oddly enough, to my surprise, as far as I know, to tell you the truth, frankly speaking, generally speaking といった語である。ただし位置によって意味の変わることがある。Regretfully, he came. は「残念なことに，彼はやって来た」で，Regretfully は話し手の気持ちを表し，文全体を修飾するが，He came regretfully. と文末に置くと，「彼は残念そうにやって来た」となって話題の人物の気持ちを表し，動詞を修飾するため，意味が違ってしまう。導入の副詞句としては，by the way, first of all, secondly, therefore, however, yet, nevertheless, on the contrary, on the whole, and, but, so といった話の論理的展開と係わる語句も先頭に置かれて文を方向づける。さらに文が展開していく中で，now, then, last year, one day, in an hour, at last, just at that moment, at about the same time, on such occasions, since then といった時間的展開と係わる語句や，in Tokyo, here, there, at the shop, on the stairs といった場所を表す語句も，強調や対比として文頭に置かれることで話の流れをスムーズにする。I think (that) ～, I imagine (that) ～, I guess (that) ～ といった軽い内容の表現も同じ導入の役割を果たす。and in course you know as well as I do, though you don't say it, that people hate ～ (Dickens, "The Broker's Man") (もちろん，おっしゃらなくても，私と同様よくご存知のことですが，皆さんは～) といった表現は内容としてはそう意味はないが，読者に働きかける前置きとなって that 以下に述べられる本題に読者の注意を向けさせる効果がある。

　談話分析では旧情報と新情報を区別し，文は聞き手の知っている旧情報が先行して，聞き手の知らない新情報がその後に置かれるとする。I gave Jim the book. なら the book が，I gave the book to Jim. なら to Jim が聞き手の知らない新情報になる。I gave him it. は認められず，I gave it to him. となる（イギリス英語では to を省く）。it は旧情報だし，that と違って強勢がなく，文を締めくくるには軽すぎるからである。この情報理論は，いつもそうなるというわけではないが，旧情報が先行すると，それが導入になり，次に来る言葉に注意を向けやすくなる。次は童話の出だしで，新情報を旧情報の後に置くことで読者の注意を先へ先へと向かわせる。

(1) Once upon a time there was a shepherd boy in a village. Day after day, all he had to do was to look after a flock of sheep. One day, he felt bored and decided to play a trick on the villagers. So he shouted, "Help! Wolf! Wolf!" The villagers heard him and rushed over to him.

　最初の文で主人公は there was ～ という形で紹介され，次の文では he（旧情報）として文頭に置かれ，彼の行為（新情報）を導き，焦点化する。the villagers も最初は文末，次には文頭に来て続く動詞を焦点化している。

　新情報でなくても，強調したい語があれば，普通の語順を崩して文末に置く。文末の語は，締めくくりの言葉として，聞き手に強い印象を与えるためである。部分的入れ替えの例を挙げる。

(2) a. They found waiting for them Mr. Strake, the family lawyer. (Ellery Queen "The Three Widows")
　　　（彼らが行くと，お抱え弁護士のストレイク氏が待っていた）
　　　［Mr. Strake の強調］

　　b. One fine morning in spring, he rescued from an untimely death a grandchild of old Swaffer.

(Joseph Conrad, *Amy Foster*)

　　　（ある春の晴れた朝，彼はスウォファー老人の孫を不慮の死から救い出した）［a grandchild of old Swaffer の強調］

　　c. This soft and passionate adventurer, taken thus out of his knowledge, [felt] bitterly as he lay in his emigrant bunk his utter loneliness. (ibid.)

　　　（この優しく情熱的な冒険家は皆目訳が分からなくなり，移民用の寝棚に横たわりながら，自分はまったく独りぼっちなのだ

48

とつらい気持ちで思った）［his utter loneliness の強調］

d. She had lived the long five years since her mother's death, alone. (Caldwell, "The Mating of Marjorie")
（母の死後，この長い 5 年間を，彼女は独りぼっちで生きてきた）［alone の強調。前にコンマをつけ，文末に一語だけ独立させている。本来なら lived の後でよい］

　また長い文の際に導入として形式語 it を使うと，後方に読者の注意を向けさせることができる。

(3) a. It is necessary for us to follow him as our leader.
（リーダーとして彼に従うことが必要だ）

b. I think it wrong that he did not help her.
（彼が彼女を助けなかったのは間違いだと思う）

c. It did not occur to me that she might be hurt.
（彼女が傷ついたかもしれないとは思い至らなかった）

d. It is a truth universally acknowledged, that a single man in possession of a good fortune, must be in want of a wife. (Jane Austen, *Pride and Prejudice*)
（財産のある独身の男なら妻を求めているに違いないとは，広く認められている真実である）

　この文の実質的な主語や目的語は to や that 以下の内容で，it はそれを受ける形式的な役割を果たし，それ自体に意味はない。しかしその it を使うことで，文の最初に「主語＋述語」という形で言いたいことの輪郭を示すことができる。そしてその後で it で受けた内容が to や that 以下で具体的に述べられ，肉付けされて，文が完成する。聞き手としては初めの段階で相手の言いたいことの輪郭が

分かるので,文を理解しやすく,it という前置きがあることで,後方に置かれた to や that 以下に注意を向けやすくなる。日本語には,形式主語のように,文の形を整えるだけの,意味を持たない語というものはないので,まず主語の内容を長々と述べてから,その後に「〜は重要だ」と締めくくることになり,全体の理解は遅れる。日本語では,「重要なことは,〜」とか,「間違っていると思うんだ,〜ということは」としたほうが簡潔になる。

　強調構文の場合も同様である。目的語なり副詞なりを本来の位置から切り離して文頭へ持っていく。それだけでも強調になるが,その語句を It is 〜 that にはさみ,「それは〜だ」と断定することで,さらに強調される。主語を強調する場合は,初めから文頭にあるから,強調構文を使うことになる。この It is C that 〜 の構文は,It が形式語,be がつなぎの動詞で共にアクセントがないから,それが導入となって次に来る C が強調される。It is important that 〜 の構文と同じで,最初に枠を作り,そこに内容を流し込むことになる。

(4) a. It is this book that I lost ten days ago.

　　　　（10 日前になくしたのはこの本だ）

　　b. It is he that broke the vase.

　　　　（花瓶を割ったのは彼です）［動詞は次に目的格を要求するため,この he は him になることもある。また人が強調されるときは that が who になることもある］

　　c. It was after the funeral when the relatives and friends had all gone that she felt her loss most keenly.

　　　　（彼女が喪失感を最も強く感じたのは,葬儀が終わり,親戚や友人がみな帰ってしまった後だった）

d. Then it was she decided there were different sorts of fathers. (Mansfield, "The Little Girl") (いろいろなお父さんがいるのだと思ったのはその時だった) [then を強調する構文で，元は It was then that she decided ...]

　副詞節（従属節）もよく主節の前に出てくる。前に出てくると，その節は導入となり，次に何が語られるかと，聞き手の注意を主節に向けさせることになる。次の二つの文を比較してみよう。

(5) a. Perhaps before I go further, I had better glance at what I *am* supposed to be.

b. Perhaps I had better glance at what I *am* supposed to be, before I go further.

(話を続ける前に，わたしが実際はどう思われているか，少し見ておいたほうがよいでしょう)

　主節の前に出てきた副詞節はまだ文意が完成されていないから，何を言いたいのだろうと主節へと興味を掻き立てるが，後置された副詞節は，もう主節で文意が完成されているからそれほどインパクトはなく，主節に対する付け足しという感じになる（最初の文は Dickens, "The Poor Relation's Story"）（修辞学では，会話文のように，主節が最初に来，補足的な語句がそれに続く文を loose sentence，堅い書き言葉のように，補足が先に来，主節が最後に来て文意が完成される文を periodic sentence と呼ぶ）。たとえば文頭に When I visited her next morning とか，Dead tired as I was とか，Without fully understanding their meaning といった副詞句・節を置いただけでも，聞き手は好奇心を刺激され，本題を早く求めずにはいられない心理になる。この副詞句・節は主文の前だけではなく，さ

らに「主語＋述語」の骨組みに割って入る形で文中にも挿入され，後続の述語などへの関心を高める。次の例のように主語なら主語のところで切って，すぐ後に続くべき述語を先延ばしにするから，それだけで聞き手はその述語を早く知りたい衝動に駆られることになる。リズムで言えば強弱強の弱の部分を構成する。

(6) a. Father, as if irritated by mother's presence, went out of the living room without saying a word.

　　　（父は，母のいることに苛立ったかのように，一言も言わずに居間から出ていった）

　　b. I find, strange and whimsical as it may seem, that I finally and inevitably settle southwest.

(H. D. Thoreau, *Walking*)

　　　（気まぐれで奇妙に見えるかもしれないが，気がつくと，私は結局，避けようもなく南西に進んでいた）［この文は that 節の先延ばし］

　　c. Frau Brechenmacher, following her man down the room after greeting the bridal party, knew that she was going to enjoy herself.　(Katherine Mansfield, "Frau Brechenmacher attends a Wedding")

　　　（ブレッヘンマハー夫人は花嫁一行へのあいさつの後，夫の後について部屋の奥へと進みながら，私はこれから楽しむんだと思った）

　次の文では下線部が挿入で，それがあることで次の文に期待を持たせている。

(7) "You know," <u>my father said</u>, "about General Grant's

book, his memoirs. You've read of how he said he had a
headache and how, <u>when he got word that Lee was ready
to call it quits</u>, he was <u>suddenly and miraculously</u> cured.

(Sherwood Anderson, "Discovery of a Father")

（父はこう言った「グラント将軍の回顧録は知っているな。そこに
こう書いてある。将軍は頭痛がすると言ってたんだが，リーが停
戦するという知らせを受けたら，いきなり，奇跡的に治ったとな」）

　語りの場合は，接続詞がなく，いきなり文が挿入される。特に会
話では，そうした挿入は文の流れを中断することになるから，なく
てもいいものだが，語りかけによる親近感を出したり，間を持た
せ，関心を次の語句に向けさせるという意味では効果を持つ。

(8) a.　My mother was, I have heard people say, just stunned
　　　at the news.

　　　（みんながそう言うのを聞いたのだが，母はその知らせを聞い
　　　て呆然としたということだった）

　b.　So often people, even when they love each other, don't
　　　seem to―to―it's so hard to say―know each other
　　　perfectly.　　　　　　　　　　(Mansfield, "Honeymoon")

　　　（みんな，愛し合っていても，その，なんて言ったらいいか，
　　　相手のことを完全には分かっていないことがよくあるのよ）

　c.　I reside, mostly, in a―I am almost ashamed to say the
　　　word, it sounds so full of pretension―in a Castle.

(Dickens, "The Poor Relation's Story")

　　　（私がたいてい住んでいる場所はですね，あまりに気取ってい
　　　るようで言うのが恥ずかしいくらいなのですが，城，なのです
　　　よ）

　　d.　I used to call her, in my stupidity―for want of any-
　　　　thing better―a dove.

(Henry James, The Wings of the Dove)

　　　　（私は愚かさから，他によい言い方がなかったから，彼女を，
　　　　鳩，と呼んだものでした）

　会話の挿入文がそのまま文中に組み込まれてしまったようなもの
もある。Scrooge and he were partners for I don't know how
many years. (Dickens, A Christmas Carol) （スクルージと彼は何年とも
知れないほどの間パートナーだった）では，for は前置詞だからその後
に名詞を要求するが，ここでは文になっている。land-jobbers
went abroad with maps of … Eldorados, lying nobody knew
where, but which everybody was ready to purchase (Washington
Irving, "The Devil and Tom Walker") （土地投機師たちは，どこにあるか
は分からないが，誰もが買いたいと思う黄金郷の地図を手に歩き回った）
も同様である。シェイクスピアにも，Why, friends, you go to do you
know not what. (Julius Caesar) （どうしたのだ，諸君，それでは事の何た
るかを弁えずして動こうとするようなものだ（福田恆存訳）） という表現
がある。

　短い副詞もよく文中に差しはさまれる。however という副詞は，
文頭に置くこともできるが，それよりも文中に多く用いられ，文末
に置かれることもある。文頭に置かれると意味が強まるが，文中だ
と文の流れに乗った軽くリズミカルな感じになる。then, there-
fore, on the other hand, in a sense などもよく文中に挿入される
副詞(句)である。

　副詞節が自由に主節の前に置けるといっても，原因や理由，目
的，結果など，後置が好まれる場合もある。たとえば I could not

54

attend the meeting, because I had a fever of thirty-nine.（熱が39
度あったので会合には参加できませんでした）という文だと，主節で事
実が語られ，副詞節でそうなった理由が示されているが，この文で
一番言いたいことはその理由の部分である。だから一文で言えば，
the reason（why）I could not attend the meeting is that（because）
I had a fever of thity-nine となり，従属節（名詞節）がその強調し
たい補語の部分に当たる。補語はつなぎの be 動詞の後に来て焦点
となるものであり，従属節にした場合でも，主節の後に置かれるほ
うが効果的になる。since や as も理由や原因を導くが，because
よりも軽く，多くの場合，あらかじめ聞き手と共有された内容にな
るので，主節の前に置かれ，導入として，聞き手の意識を主節へと
向けさせる。接続詞の for は常に後置で理由を表すが，because よ
りは意味が弱く，付け足す感じになる（「というのも」が定訳）。語
源的には because（原義は by the cause that）は cause（原因）とい
うラテン語が元にあり，フランス語経由で導入された語で，原因や
理由を求める意が強い。ほかは 1 音節のアングロ・サクソン語で，
前置詞や副詞から発達したものだから多義的で，because ほど強い
意味にはならない。この違いは，日本語で，「熱があったから，会
議に出席できなかった」という普通の言い方と，「会議に出席でき
なかったのは，熱があったからだ」という強調的な言い方の違いと
同じになる。日本語は後ろに置かれた節に重みがあるが，because
についても同様である。なお because の前にコンマがあると，そ
こで一拍置くので二つの文が独立する感じになるが，コンマをつけ
ないと意味が連続し，「〜なのは〜のためだ」という「導入＋主張」
の感覚が強まる。ただし次の例のように，強調のために because
が前に出ることもある。

(9) Do you think, because I am poor, obscure, plain, and lit-
     tle, I am soulless and heartless? You think wrong!—I
     have as much soul as you—and full as much heart!

(Charlotte Brontë, Jane Eyre)

（私が貧しく身分もなく醜く小柄だから，それだから心も魂もない
とお考えなのですか。それは間違っています。私にもあなたと同
じくらい豊かな魂があります。心だって負けないくらい豊かです）

　目的を表す従属節，たとえば He ran faster so that he might be
in time for appointment.（約束に間に合うように早く走った）も，上の
because と同じような理由で後置が好まれる。書き換えれば The
purpose of his running faster was to be in time for his appoint-
ment. のようになる。似た構文で，結果を表す従属節，He ran
faster, so that he was in time for appointment.（早く走ったので約束
の時間に間に合った）があるが，結果であるから，これは当然，時間
順に従って後置になり，コンマが置かれて独立的になる。

4.　英語の倒置形

　英語では SVO などの語順ははっきりと決まっているが，たとえ
ば目的語などに修飾語句がついて長くなる場合は，読みやすさや理
解のしやすさから，その語句は後ろに回され，本来はその後に置か
れるべき短い副詞等が前へ出てくる。She ran to the bed and
threw herself upon it, hugging desperately in her arms the girl
who had slept so soundly. (Caldwell, "The Cold Winter")（彼女はぐっ
すりと眠っている少女を必死に腕に抱き，ベッドまで走ってそこに身を投
げた）だと，the girl 以下の目的語の部分が長いので，本来はその

後に置かれるべき desperately in her arms が前に出てきている。この場合はまだ分かりやすいが，前置詞がついたり文が挿入されたりすると分かりにくくなり，パズルのような感覚になる。

(1) She read in a newspaper of a woman who had started her own firm, specializing in computer management, at the age of fifty and was now rather wealthy, wholly respected in a man's world.　　(Susan Hill, "How Soon Can I Leave?")
（彼女は新聞で，50歳でコンピュータ管理を専門とする自分の会社を立ち上げ，今はとても裕福で，男の世界ですっかり尊敬されている女性の記事を読んだ）

この文の骨組みは She read of a woman in a newspaper で，of は「〜について」の意である。しかし a woman に関係代名詞の文がつき，目的語が長くなったために後ろにまわされ，副詞句（in a newspaper）が前に出てきている。この措置をすることで，最初に文の輪郭を捉えることができるが，慣れないと，of が newspaper にかかるかのように読めてしまう。以下，同様の例。

(2) a. Even before the arrival at our counting-house of my trunks, I went down to our room of business, on our little wharf, overlooking the river.　(Dickens, "The Poor Relation's Story")［本来は the arrival of my trunks］
（自分のトランクが会計事務所に着く前に，私は小さな波止場にある，川を見下ろす仕事部屋に行った）

   b. He discovered inserted in a book her note telling him an everlasting farewell.［本来は He discovered her note］
（彼は本の間に，永遠の別れを告げる彼女のメモを見つけた）

c. A boyhood memory came back to me of the time he [my father] had struck me several times around the head for "chattering like an old woman." (Kazuo Ishiguro, "A Family Supper") ［本来は memory of the time］

（子供の頃，父が，老婆のようなしゃべり方だと言って私の頭を何度も叩いたことが心に浮んだ）

d. If Mangan's sister came out on the doorstep to call her brother in to his tea we watched her from our shadow peer up and down the street.

(James Joyce, "Araby") ［本来は we watched her peer］

（マンガンの姉が弟をお茶に呼ぶため戸口に出てきた時，私たちは彼女が通りのあちこちに目をやるのを物陰から見ていた）

e. He rejected almost as soon as it entered his head the idea that she was storing the clothes for a friend. (Robert Barnard, "The Woman in the Wardrobe") ［本来は rejected the idea］

（彼女は友人のためにその服を保管しているのだという思いが浮かぶや，彼はすぐにその思いを心から退けた）

f. Jim often thought with disgust of her father's advice on the wedding day. (John Steinbeck, "The Murder") ［本来は thought of her father's advice］

（ジムは結婚式の日の彼女の父の忠告をよく思い出してはむかむかした）

g. For the last month a strange desire had possessed him to die fighting. (E. M. Forster, "The Road from Colonus") ［本来は desire to die fighting］

（この1か月，戦って死にたいという奇妙が願望が心を捕らえ

ていた)

h.　There has never been a greater need than now of harmony among people. ［本来は need of harmony］
(今ほど人々の和が求められている時はない)

　また強調したい語句がある場合は，副詞でも目的語でもそれを文頭に出す。先に強調したい語を文末に置く例を見たが，文頭も文末に劣らず強調になる。英語は語順がはっきり決まっているから，その語順を崩すことは，それ自体で意図的，強調的な行為になる。特に文頭に置かれた語は聞き手の耳にまっ先に飛び込んでくる言葉になり，効果が大きい。その際，その語句に引っ張られて，主語と動詞（助動詞）の語順がひっくり返ることがある。中英語では then, there, here, now, never, only などの副詞が文頭に来ると倒置になり，その後は「動詞＋主語（＋目的語）」，あるいは「助動詞＋主語＋動詞」の形を取った。ドイツ語では今でもそうで，副詞節が主節の前に出てくる場合も，主節の語順は「動詞＋主語」という倒置形になる。英語の副詞節の場合，必ず倒置になるのは，Not until I lost my parents did I realize how deeply I loved them.（両親を亡くして初めて，どれだけ深く愛していたかを知った）といった否定語を文頭に出す文くらいである（until は主節に示された継続的行為が終了することを示すから，本来は主節の後に来るのが自然な接続詞）。それだけ英語の副詞節は移動の自由があるということであろう。英語も古英語初期は，文と文は and, but, or, nor といった等位接続詞による並列構文が多かったが，文どうしのつながりをはっきりさせるために，疑問詞や前置詞，副詞などから従属接続詞が発達した。そして従属節としての独立性が強くなると移動の自由も生まれた。

強調したい語を文頭に出す例を見る。

(3)　a.　Love only should one consider.　　(Oscar Wilde, *Salomé*)
　　　　（恋のことだけ考えればよい）

　　b.　Love something one must.　　(Mansfield, "The Canary")
　　　　（誰も何かを愛さなければいけない）

　　c.　Out he went in anger.
　　　　（怒って彼は外に出た）

　　d.　A dreary winter she must have had in her lonesome
　　　　dwelling, with never another near it for miles around.

　　　　　　　　　　　　(Mrs. Gaskell, "The Half-Brothers")
　　　　（何マイル四方にもわたり他に家のない孤独な住まいで彼女は
　　　　わびしい冬を過ごしたに違いない）

　　e.　For his gold I had no desire.

　　　　　　　　　　　(Edgar Allan Poe, "The Tell-Tale Heart")
　　　　（彼の金貨など欲しくはなかった）

　　f.　True!—nervous—very, very dreadfully nervous I had
　　　　been and am.　　　　　　　　　　　　　　(ibid.)
　　　　（本当に——ずっと不安で不安で，恐ろしいほど不安だったし，
　　　　今もそうだ）

　　g.　But this I can tell you.
　　　　（しかしこのことは言えます）

　　h.　For want of a red rose is my life made wretched.

　　　　　　　　　　(Oscar Wilde, "The Nightingale and the Rose")
　　　　（赤いバラがないために生活がみじめになった）

　　i.　Sleep I would, were it only for five minutes.

　　　　　　　　　　　　(Mrs. Gaskell, "The Half-Brothers")

（5分でもいいから眠りたかった）［were it は if が省かれたための倒置形。if it were only for five minutes と同じ］

j. What came over him I do not know.

（彼に何が起こったのかは知らない）

k. That he made a serious mistake he could no longer doubt.

（自分が重大な誤りを犯したことはもう疑えなかった）

l. So big was the house that I gave up the idea of living there.

（家があまりに大きかったので，そこに住むという思いは捨てた）

m. Never, never had anyone spoken to me in that tone before.　　　　　　　　(Frank O'Connor, "My Oedipus Complex")

（そんな口調で私に話した人は今まで誰もいなかった）

n. Not in this house—not in this house shall you stay!

(Lafcadio Hearn, "Of a Promise Broken")

（この家にお前をいさせないぞ）

o. Little did I know what I was saying!

（自分が何を言っているのか，ほとんど分からなかった）

p. Only once did he catch sight of a ghost.

（一度だけ幽霊を見た）

q. "But, with common sense," she added, "I am afraid I have little to do."　　　　　　　　(Jane Austin, *Emma*)

（「でも，常識とは，私はほとんど無縁だった」と彼女は思った）

r. As fair art thou, my bonnie lass, / So deep in luve am I.

(Robert Burns, "Luve")

（かわいい人よ，あなたが美しいほど，私の愛も深いのです）

[luve＝love。古英語では lufu]

s.　Already with thee! tender is the night.

(John Keats, "Ode to Nightingale")

（もうあなたと一緒。夜はやさし）

　倒置によって紛らわしくなることもある。I shall soon want to marry. (Thomas Hardy, *Tess*) は，これだけ見ると soon が want にかかるように読めてしまう。そうすると，今はまだ望まないが，やがて望むようになる意になる。しかし実際はすぐに結婚したいということで，soon は本来は marry の後に置かれ，marry を修飾するものだったが，強調のために前に出てきたものである。あるいは It is better to carefully avoid split infinitives.（分離不定詞の使用は注意して避けたほうがいい）の carefully のように，本来は述語の後に置かれる副詞が to と動詞の間に飛び出してくることがある（split infinitive という）。文法的には不適切と言われるが，文脈による。たとえば kindly という副詞は命令の意で使われるときは動詞の前に置かれるので，my mother asked him to kindly return the little teaspoon to make up the dozen (Edna O'Brien, "Love-Child")（母は彼に，1ダースにならないのでどうぞあの小さなティースプーンを返してくださいなと言った）が正しい語順になる。Would you be kind enough to return ～? という気持ちであろう。

　一方，日本語では述語が最後を締めくくり，その前に置かれる語句の順番には明確な決まりがないため，ある語句を文頭に持っていっても，それほどの強調にはならない。強調のためには倒置形にし，強調したい文や語句を独立させて，「散歩したんだ，彼女ときのう，公園でね」とか「きのうなんだ（公園だったんだ），彼女と散歩したのは」のように言う。あるいは動詞の直前に置いても強調さ

62

れる。「きのう公園で，彼女と散歩した」，「きのう彼女と，公園で
散歩した」では，動詞のすぐ前につく語が強調され，その前に置か
れる語は前置き，あるいは補足になる。あるいは話題として取り立
てる助詞「は」を使えば，「時々は来る」「夕食は食べた」「彼が誠
実だということは，はっきり言いたい」のようにすることもできる。

　英語は，主語が長い場合もよく倒置形になる。たとえば The
book which I borrowed from him yesterday was very interesting.
という文の場合，主語が長いから，文の輪郭はすぐには分からな
い。しかし，順番を逆転させ，Very interesting was the book
which I borrowed from him yesterday. とすれば，骨組みの部分が
最初に飛び出してくるので，理解しやすくなる。倒置形は基本的に
は強調したい語を文の最初に置くのであるが，主語が長く，頭でっ
かちになる場合もよくひっくり返る。ひっくり返ると関心も後方に
向かうので，後ろに置かれる主語の部分が強調されることにもなる。

(4) a. Sitting there was a man who many years before had
been my neighbor. (Byrne & Cornelius, *30 Passages*)
（何年も前に隣人だった人がそこに座っていた）

b. He opened the shed-door and out ambled a dog—a
big, yellowy-white old dog, looking a bit like a sheep,
somehow, and about as quick-witted.

(Philippa Pearce, "What the Neighbours Did")
（小屋のドアを開けると，犬がゆっくりと出てきた——黄色っぽ
い白色をした大きな老犬で，なぜか少し羊のように見え，機転
の早さも羊と同じほどに見えた）

c. Back came the manly lover, dripping wet from the sea,
chest out, strong and virile, healthy and sunburnt.

(Roald Dahl, *Boy: Tales of Childhood*)

(海から戻ってきた男らしい恋人は、しずくを滴らせ、胸を張って、強くたくましく、健康で日焼けしていた)

d. At the bottom of it [the well] were found some hair-ornaments of a very ancient fashion, and a metal mirror of curious form—but no trace of any body, animal or human　　　　　　　　　　　(Hearn, "The Mirror Maiden")

(井戸の底にとても古い髪飾りと奇妙な意匠の金属の鏡が見つかったが、人間にしろ動物にしろ、死体の痕跡はなかった)

　特殊な構文として、There is ～ という文がある。導入として何かがある（存在する）ことを述べる文で、名詞は初出の語に限定されるから不定冠詞 a を取る（不定の some, many, five などは there are ～）。アクセントは、It is C の構文と同様、最後の C に置かれるので、その語が強調される。be の代わりに appear, lie, come, emerge, stand なども使われるが、自動詞に限定される。本来は倒置形だから、単数か複数かという数の決定はその後の名詞に従う（there が主語と見なされて複数でも is となることがある）。there は本来は「そこに」という副詞だが、倒置によって抜けた主語の位置を埋めるために形式的に置かれる語で、「そこに」という意味はない。元々は「そこに」の意だったが、場所を指定する語句と重複して使われることで意味を失い、形式化していった。「そこに」本があるという場合は There is a book there. となる。On the desk is a book. と、There is a book on the desk. は同じ意味だが、前者が倒置形で、強調したり、対象を指でさして発言したりするのに対し、後者は客観的な定式構文になる。存在を表す場合は基本的にこちらの定式文を使う。the がつくときは導入としての there は

64

使えず，The book is on the desk. となる。a がつくときも，be 以外の動詞のときは there を使わず，A dog came barking. とすることもできる。there 構文で the を使う場合もあるが，その場合は there に「そこに」という意味がよみがえる。I enter a swamp as a sacred place, a *sanctum sanctorum*. There is the strength, the marrow, of Nature. (Henry David Thoreau, *Walking*) という文は，「私は神聖な場所としての沼地に入った。そこには大自然の力が，その精髄がある」となる。

　この there は，主語が長くなったり強調のために後置されるとき，空欄になった主語の位置の穴埋めとしてよく置かれる。O. Henry の "The Last Leaf" では，there yet stood out against the brick wall one ivy leaf（レンガの壁にはまだツタの葉が一枚残っていた）の語順で主語（one ivy leaf）が最後にまわされ，強調されている。もし there がなく，動詞が文頭に来ると，命令文あるいは古い形の疑問文（Have you any children?）とも思われるので，there を置くことでその可能性をなくし，また古英語のように動詞を二番目の位置に定めることができる。

(5) a. Now, I say, there came to my ears a low, dull, quick sound, such as a watch makes when enveloped in cotton.　　　　　(Edgar Allan Poe, "The Tell-Tale Heart")
　　　　(すると，私の耳に，時計を綿でくるんだときに聞こえるような低くて鈍くて早い音が聞こえてきた)

　　b. There was rising in him a dreadful uneasiness; something very precious that he wanted to hold seemed close to destruction.　　　　(Morley Callaghan, "The Snob")
　　　　(彼のうちに恐ろしい不安が湧き上がってきた。持っていたい

と思う何か大切なものが壊されようとしていたのだ)

c. At last there swept over her face a wave of impatient fury.

(ついに彼女の顔にいらいらした怒りがさっと波のようによぎった)

d. There hung on two nails driven into the wall—all her wardrobe—a ragged skirt, torn jersey, and black straw hat. (John Galsworthy, "Once More")

(壁に打ち付けた2本の釘には彼女の衣服ぜんぶ—ぼろぼろのスカート，破れたジャージー，それに黒い麦わら帽が掛かっていた)

e. From its [the hollow tree's] living trunk there gushed an impetuous spring, coating the bark with fern and moss, and flowing over the mule track to create fertile meadows beyond.

(E. M. Forster, "The Road from Colonus")

(生きている木の幹から水が猛烈に噴き出しており，それは樹皮をシダとコケでおおい，ラバの小道を越えて流れて，その向こうに豊かな草地を作り出していた)

　この there 構文では重要な語が文の最後のほうにくるが，there に限らず，文を倒置形にして重要な語句を最後に置く構文は小説などでよく使われる方法である。先に部分的な入れ替えで重要な語を文末に置く例を見たが，ここでは全面的な倒置の例を見る。この場合，文の最初の部分は前置きとなり，聞き手に興味を持たせて奥へと導き，最後に重要な発見をさせることになる。

(6) a. She stopped dead and stared at the hall table—on this

       lay a letter addressed to her.

(Elizabeth Bowen, "The Demon Lover")

（彼女は不意に立ち止まり，玄関のテーブルを見つめた。そこ
には彼女あての手紙があった）

b. He looked up, and in front of him, in the center of the gravel road, was a young girl.

(Erskine Caldwell, "The Dream")

（顔を上げると，目の前，砂利道の真ん中に，若い娘がいた）

c. In a little log house containing a single room sparely and rudely furnished, crouching on the floor against one of the walls, was a woman, clasping to her breast a child.   (Ambrose Bierce, "The Eyes of the Panther")

（乏しい粗末な家具を備えた一部屋しかない丸太小屋に，壁を
背にうずくまって，胸に子供を抱いた女がいた）

d. Far ahead, floating high above the Mississippi River, were puffs of white clouds that looked like swatches of lint cotton.   (Erskine Caldwell, "Girl on the Road")

（はるか前方，ミシシッピ河の上に高く，繰り綿の見本のよう
に見える白い雲がぽっかりと浮かんでいた）

聖書ではこの倒置形がよく使われる。重要な語句が最後に来て印
象に残る。

(7) a. For unto you is born this day in the city of David a Saviour, which is Christ the Lord.   (Luke, 2.11)

（きょうダビデの町で，あなた方のために，救い主がお生まれ
になりました。この方こそ主キリストです）

b. Blessed are the poor in spirit: for theirs is the kingdom of heaven. (Matthew, 5.3)

（心の貧しい者は幸いです。天の御国はその人のものだからで
す）

c. Greater love hath no man than this, that a man lay
   down his life for his friends. (John, 15.13)
   （人がその友のために命を捨てるという，これよりも大きな愛
   は誰も持っていません）

　強調のための語句の移動を見てきたが，移動先は文頭でも文末で
もよかった。耳に最初に入る語か，文を締めくくる語かの選択にな
る。To be, or not to be: that is the question. (*Hamlet*)（生か死か，
それが問題だ），あるいは To be loved to madness—such was her
great desire. (Thomas Hardy, *The Return of the Native*)（気が狂うほど
愛されること—それが彼女の大きな望みだった）は，to 不定詞句を独
立させ，文頭に置いて強調する形である。The world was all be-
fore them, where to choose／Their place of rest, and providence
their guide:／They hand in hand with wandering steps and slow,／
Through Eden took their solitary way. (John Milton, *Paradise Lost*)
（世界はすべて二人（アダムとイブ）の前にあった。そこで二人は安住の地
を選び，神の摂理を導き手とするのだ。二人は手に手を取り，さまよえる
足取りでゆっくりと，エデンを抜け，その孤独な道を進んだ）は，最初の
文（The world was all before them）と締めくくりの述語（took
their solitary way）に力点があり，バランスの取れた文になってい
る。

5. 語順と文化

　語順は言葉が耳に入る順番であり，メッセージが頭の中で組み立てられていく順番である。それはすなわち，思考方法であり，民族的，文化的な価値観と結びつく。日本語で述語が最後に来ることは，主語や目的語，時間や場所や様子など，関係する要素をすべて並べた上で，最後にそれを一つにまとめるということである。重要なことは最後に来る。それは米作りのプロセスと似ている。稲作では，種を植え，芽が出，葉が生え，茎が伸び，花が咲いて，最後に米が実る。葉も茎も，すべてこの実を生み出すための準備にすぎない。日本人の考え方もそれと同じである。話す際，あるいは手紙でも，まず前置きがあり，なごんだ雰囲気ができたところで本題へ入る。本題も，いきなりぶつけるのではなく，まず理由を述べ，説明をして，十分な下地ができたところで要求なり主張なりを出す。前置きは葉のようなもので，和歌であれば枕詞や序詞，手紙であれば時候のあいさつなどに相当し，開花を促し，実りはその後に来る。物語では起承転結がそのパターンで，ゆっくりとした導入があり，発展と新たな展開があって，最後にクライマックスが来る。落語では冒頭の「枕」でゆっくり始まり，本題に入って軽快に進展し，最後が「落ち」になる。また武芸でも芸事でも「道」（剣道，柔道，華道，茶道）という観念が大事で，勝負の結果よりも目標に至る過程が重んじられる。会議，契約などでも，まず根回しや接待などの前交渉があり，合意ができたところで本会議，本契約となる。

　一方，英語で重要な語が最初に来ることは，相手に要点を早く伝えようとする合理的精神を表す。まず主張があり，その土台の上に補足的なものを付け加えていく。これは，逃げる動物をすばやく捕らえることに喩えられよう。相手は動くものであり，のんびりして

いれば捕まえるチャンスを逃してしまう。だから弓を射るように，最初に言いたいことを述べ，そうして相手の心をしっかりと捉えた上で，次にそれを強化する理由や説明を加える。スピーチや手紙では，あいさつなどの前置きは要点をぼかしたり遅らせたりすることになるため，なるべく簡潔なものにする，あるいは省く。物語では事件の中心をまず提示する方法が読者の心を引き付け，興味を維持させる。スポーツでは，ボクシングなど，開始の合図があれば，なるべく早く相手を倒すことが重要になる。会社などではリーダーのトップダウンの迅速な意志決定が重要で，契約においても，お互いの利害関係が合うなら，早く締結することが求められる。西欧は日本のような和の社会ではなく，個の社会であり，一人一人は自由に動き回るから，早く矢を射り，相手の心を捉えることが重要になる。

　人間は言葉によって思考し，言葉によって相手に働きかける。だから文の仕組みが思考や説得の方法となり，その発想は文化や生活のすべてに及ぶ。言葉は人間の思考方法や行動様式を決める DNA と言ってもいい。先に日本語のパターンを円環式，ふろしき型とし，英語を直線式，積み木型とした。言い換えるなら，ふろしき型とは子宮型であり，いろいろなものを包み込み，最後に話し手の意図を生み出す生育的，女性的な発想になる。それに対し，直線式とはまっすぐな槍であり，その先端でずばりと要点を突く攻撃的，男性的な発想になろう。日本語が，和の精神で，主語を際立たせず，敬語などで言葉を柔らかく膨らませること，また英語が，個の精神で，主語をはっきりと出し，事実だけを明確に示そうとすることもそれと係わっている。

第3章　否　定

1. 「ある」と「ない」

　「ない」とは，自然界に目に見える形であるものではなく，人間の意識と係わるもので，期待したものが見出されないことで認識される概念である。何かを求め，見つからないと，それが「ない」という意識になる。そこから否定は大きく二つに分かれ，一つは何かがない状態の認識，もう一つは行為や状態をないものにする，つまり否定する場合に用いられる。

　まず「本がない」のように，状態を「主語（名詞）＋ない」で表すとき，この「ない」は形容詞で，「きれい」や「楽しい」などと同様，性質を表す（日本語では形容詞は終止形がイで終わる）。この場合，形容詞であるから，本が「ない」という性質をもってそこにあることを表す。「ない」が「ある」という言い方も変だが，これは「ない」という状態が認識の対象として浮かび上がっているということである。「ない」の主語となるのは名詞だけでなく，「そこに行くことは・ない」のように名詞相当語句も受ける。英語の場合，「本がない」に相当する表現は二つある。一つは There are no books. で，

no は形容詞であり，no という性質を持った本がある意，もう一つ
は There are not any books. で，本があることを否定しており，
not は文を否定する副詞になる。

　否定のもう一つのタイプは「主語＋述語＋ない」で，主語ではな
く述語を否定する。日本語の述語には動詞と形容詞・形容動詞およ
び「名詞＋助動詞（「だ」）」があるから，行為としての否定と，状態
としての否定がある。どちらも期待がまずあり，その期待が裏切ら
れる（行われない）ことで認識される概念になる。形容詞の場合，
「楽しい」はずという期待があり，それが裏切られて「楽しくない」
となる。名詞の場合，「本」のはずという期待があり，それが裏切
られて「本ではない」となる（「では」は，断定の助動詞「だ」の連
用形「で」＋強調の副助詞「は」）。動詞だと，「食べる」はずという
期待される行為があり，それを否定して「食べない」となる。この
場合，食べないかというまわりの期待があって「食べない」と言う
場合と，おいしいかもしれないという自分の期待があって「食べな
い」という場合がある。一方は他人に対して言い，一方は自分に対
して言うことになる。

　この「ない」という否定語は，文法的には，動詞を否定する場合
は助動詞で，名詞（＋助動詞）や形容詞を否定する場合は補助形容
詞になる。補助形容詞の時は高アクセントとなって強調され，また
直前に副助詞の「は」を入れることができるが（「楽しくはない」），
助動詞の時はアクセントがつかず，「は」も入らない（食べない）
（ただし「食べては（い）ない」のように接続助詞「て」を入れると
可能）。この「食べない」に相当する英語は，I don't eat で，not は
副詞として，I eat という文を否定している。「楽しくない」は I'm
not happy で，やはり not は副詞として I'm happy という文を否
定している（文法的には not は eat, am という動詞を否定し，内

容としては文全体を否定する。動詞否定の I don't eat と文否定の It is not that I eat は同じ意味。後者は強調）。英語には否定を表す助動詞はないから、副詞で否定する。日本語の「ない」も副詞として統一したいところだが、一つには日本語の副詞の定義は活用のない自立語であるため、また一つには形容詞と助動詞の「ない」は語源が違うとされるため、先のような位置づけになる。

　動詞の場合はそれに否定語をつけて命令形が作れ、相手に対して「それがある（それをする）状態にするな」の意になる。これも、相手がそれをするという予測があって、それが起こらないようにする意になる。「食べるな」なら相手が食べそうだという予測があって「食べるという行為をするな」の意、「食べないように」は「食べないという状態にせよ」の意になり、「せよ」の分だけ積極的な行為を促す。英語の場合、Don't make any reply. と Make no reply. は同じ意味だが、形の上では、前者は行為を否定し、後者は行為を促しておいて目的語を否定する形になる（「見るな」と「無視しろ」の違いと同じ）。

　「ない」の反対概念は「ある」である。しかし品詞は、「ない」が形容詞なのに対し、「ある」は動詞である（動詞は終止形がウ段音で終わる品詞）。だから「ある」と「ない」は、暑いと寒いのような対の概念ではない。[1]「ある」の語源として「なる（成る・生る）」が

---

[1] 古語では「ある」は「あり」であり、言い切りの語尾がイ段音で、「聞く」「見る」「与ふ」などウ段音で終わるほかの動詞とは異なる。イ段音は「深し」「美し」のように形容詞の語尾であるから、「あり」は動作を表す動詞よりも状態を表す形容詞に近いことになる。しかし存在するものは時間とともに変化することから、動詞としての性格を帯びるようになった。ラ行変格活用は「あり・居（を）り・はべり・いますがり」の四語で、どれも存在を表すが、「居（を）り」（いるの意）には「居（ゐ）る」（座るの意）という上一段の動詞もある。

あるが,「なる」とは生まれ出ることだから, その発想は英語の
exist に近い。exist は「ex- (外へ) + -sist (立つ)」で,「外に現れる」
意になる。したがって,「ある」とは生まれ出ていること,「ない」
は生まれ出ていないこととも言える。「ある」「ない」は, 状態では
なく, 行為として動詞化できる。「ある」は「あらわれる・あらわ
す」,「ない」は「なくなる・なくす」になる。英語では,「現れる」
は appear (ap-pear ～に・見えてくる), emerge (e-merge 外へ・沈む),
あるいは come into being で, なくなるは disappear, be gone,
なくすは annihilate (nihil は無で, 完全に無にするの意) になる。また
「ない」を否定すると,「なくはない」(=ある) となる。「なくない」
とは言わないが, 口語の疑問文では「行きたくなくない?」のよう
には言う。ただしこの場合には二重否定の反語的疑問文になるの
で,「行きたくない」の意になる。「ある」の否定は,「あらない」と
は言わず,「ありえない」「ありはしない」(ありゃせん) のように
言う。文語では「あらず」「あらぬ疑い」のようになる。

　なお, 不在の場合の表現は, 日本語では, 人と物とで違ってく
る。人の場合は,「誰もいない」で,「い・ない」は「動詞 (未然形)
+助動詞」で,「いる」という動詞の打ち消しになる。物の場合は,
「何もない」と言い,「ない」という形容詞をつける。文語の場合は,
「訪ねる人なし」「父なし子」のように, 人も物も「なし」を使った。
逆も,「小僧あり」「父ありき」のように, 人にも「あり」を使った。
物と者は, どちらも「もの」と読むように, 昔はそう大きな違いは
なかったが, 現代では区別するようになっている (英語の関係代名
詞も昔は人にも which がつけられた)。ただし「私には妻がある」
「来客がある」「父がな (亡) くなる」と言う場合は人を所有・所属
の観点で見ている。

2.　英語の否定

　否定表現における英語の特徴は，日本語ではできないさまざまな
言い方ができることである。それはまるで，ゲームのように，否定
表現を楽しむ感がある。まず否定語には，形容詞・副詞・名詞とし
て自由に使える no があり，また文の否定に使われる副詞の not,
nay, never, nowhere があり，また形容詞・代名詞・副詞の nor,
neither, 代名詞の none, nothing, nobody, 名詞の naught など,
〈n-〉で始まるさまざまな語がある。〈n-〉で始まるのは，元が古代の
否定語 ne で，それにさまざまな語がついて合成されたためである。
たとえば no の元は nā＝ne＋ā （＝ever）, not は naught （nought）
/nɔ:t/＝nā＋wiht （＝thing）, never は ne＋ǽfre （＝ever）, none は
ne＋ān （＝one） といったようになる。[2] また not をどの位置に置く
かによって，文全体を否定したり，特定の語や句や節だけを否定す
ることもできる。nobody のように否定語を文の主語にすることも
できるし，seldom, rarely, hardly, scarcely, little といった副詞
を使うこともできる。それらの副詞は，意味の上では否定だが，文
の形は not が使われていないから肯定文でもあり，ただその肯定
の度合いがきわめて少ないということを表している。たとえば He
rarely goes there. は，「彼はまれにそこに行く」が文字どおりの意

---

[2] 日本語の「ない」もローマ字にすれば nai で，no と同じ /n/ 音で始まるが,
どちらも口を閉じたときの閉鎖音と否定の概念が感覚的に結び付くのであろう。
他の言語では，ドイツ語は nein, nicht, ラテン語・フランス語は non, スペイ
ン語・イタリア語は no。ロシア語も нет の表記でニェット /net/ の読みになる
（以上どれもインド・ヨーロッパ語）。韓国語はアニョで否 （いな）のように
/n/ が入る。ただし中国語は不 （bu），インドネシア語も bukan で唇を閉じて破
裂させる /b/ 音。トルコ語は hayir, フィリピン語は hindi で声門で摩擦させる
/h/ 音になるから，/n/ は普遍的なものではない。

味だが，日本語としては「彼はめったにそこには行かない」という
否定的な訳し方になる。だから付加疑問をつけるときは〜, does
he? となり，否定文扱いになる。He is unkind to her. は意味上は
否定だが，形式上は not がないので肯定文になり，付加疑問は〜,
isn't he? となる。「彼は不親切だ」も形の上では「〜は〜だ」とい
う断定になる。only を使った文は，He has only three dollars. は
「彼は 3 ドルしか持っていない」と否定的に訳すが，形は肯定文で
あり，「3 ドルだけ持っている」が本来の意味になる（only＝one＋
ly）。ただし，hardly などと違い肯定的にも訳せ，It costs only
three dollars. は「たった 3 ドルだ」となる。barely も肯定と否定
の両方の意味があるが，「かろうじて」という肯定的な意味のほう
に傾く。

　よく使われるのは no と not であり，no は not よりも意味が強
い。He is not a coward(, but he did nothing). は一般的，客観的
な文否定で，彼が臆病者であることを否定しているだけだが，He
is no coward(, as he fights against difficulties). は語り手の感情が
強く入り，coward を否定して，彼は決して臆病者ではない，むし
ろ勇敢だという暗示がある（短縮形では He isn't a coward. よりも
He's not a coward. のほうが，not が明確な分だけ強意的になり，
no coward に近づく）。And hark! how blithe the throstle sings!
He, too, is no mean preacher. (Wordsworth, "The Tables Turned") (聴
け！ ツグミはなんと陽気に鳴くことか！ 彼もまた決して凡庸な説教師では
ない) も no は mean (「劣る」意) を強く否定し，並外れて優れた説
教師の意になる（日本語の「憎からず思う」もいとしく思うの意）。
あるいは，He has not less than ten children. の not は客観的な表
現で，「10 人よりも少ないことはない」，よって「少なくとも 10 人」
となるのに対して，He has no less than ten children. の no は主観

的な表現で驚きを表し,「10 人以下ということは決してない」, よっ
て「10 人もの子供を」となり, 数の多さを強調する。同様に Jim
is not less brave than Ken. は単に事実を述べており,「ジムはケン
と比べ, 勇気が劣ることはない」, Jim is no less brave than Ken.
は語り手の驚きの感情が入り,「ジムはケンに劣らず勇気がある」
となる。Father is (not/no) wiser than Mother. の場合は, not は
ただ事実を述べて「〜ということはない」意だが, no は強い感情
が入って「〜だなんてとんでもない」意で, 父は母より愚かという
暗示を含む。

　I no longer believe him. では no は longer を否定し, このまと
まりで否定語として文全体を否定する。no longer の文字どおりの
意味は, long が長さ・時間を表し, その比較級だから,「今より長
く〜することは決してない」で「もはや〜ではない」となる。似た
表現に no more があるが, more は many の比較級なので数・程
度の否定になる。no は否定の響きが強いので, 口語では響きの柔
らかい not any を使い, I don't believe him any longer. とするほ
うが好まれる。I am no longer too embarrassed to ask people for
directions. (L. G. Alexander, *Developing Skills*) のような文では no
longer がどこまでを否定しているのか戸惑うが, I am no longer
としてそれ以下の文全体を否定しているので,「恥ずかしくて人に
道を聞けないということはもはやない」となる。There is no going
back. は, there is が存在を表す文だから,「going back が存在す
ることは絶対にない」, だから「戻ることはできない」意になる (not
は次に a を求めるので使えない)。We cannot go back. と同じ意だ
が, 行為者の意志・能力よりも行為の存在そのものに焦点を置いた
言い方なので強い否定になり, It is impossible to go back. のように
言い換えられる。次の文は船から飛び降りてしまったことについて

述べた文で，行為者の意志や能力を超えた問題なので，単に can-not を使うよりも，もうどうにもできないという絶望感が強まる。

(1) I wished I could die. … There was no going back. It was as if I had jumped into a well—into an everlasting deep hole … (Joseph Conrad, *Lord Jim*)

(死にたかった … 戻ることはできなかった。まるで井戸に飛び込んだようだった──どこまでも続く深い穴に …)

　否定語の位置は，英語では文の最初のほうに置いて，早いうちに文の方向付けを明確にする。I don't know him. のように主語の直後に置くのが一般的だが，No one knows him. のように主語にすることもできる。日本語では，「誰も彼を知らない」のように，文の最後に「ない」を置いて締めくくる（「誰も～ない」と呼応）。この語順は否定語に限らず，疑問文などにおいても，英語と日本語の大きな違いであった。ただし古英語では I ne say (iċ ne secge) の順で否定語を動詞の前に置いたが，ne は 1 音節の弱アクセントのために聞き逃しやすいので，中英語で，強調のために強勢のある not を追加して I ne say not となり，ついで弱い発音の ne が消えて I say not となり，ついで 16 世紀から助動詞 do と結び付くことで I do not say のように再び前に戻っている。その後，I don't say という口語の短縮形ができ，疑問のときは Don't I say ～? となるが，Do I not say ～? となることもある。独仏語も同じ変化をたどるが，しかし do に相当する助動詞はない。フランス語は，昔は動詞の前に ne をつけるだけだったが，やはり ne の弱音化を補うため pas（＝step）を追加し（「一歩も～ではない」の意），Il ne chante pas（彼は歌わない）のように動詞を ne … pas ではさむ（会話では pas だけもある）。ドイツ語は不定詞で捉えるときは heute nicht

kommen のように動詞の前だが，定形にすると Er kommt heute
nicht (He comes today not) のように nicht を文末に置く（部分否
定は nicht heute のように否定する語の前）。英語でいったん下がっ
た否定語が再び前に出てきたのは，文の方向付けを早めに示すとい
う英語の強い精神のためであろう。ただし，You know him not.
とか He had not a foreign accent., Dwell not upon the past! のよ
うに古い用法も見かける（not の位置は目的語の前か後）。特に詩
では thou（＝you）などの古い用語とともによく使われる。

(2) What thou art we know not;/What is most like thee?/
     From rainbow clouds there flow not/Drops so bright to
     see/As from thy presence showers a rain of melody.

                                   (Shelley, "To a Skylark")

     （汝が誰かだれも知らない。お前に一番近いものは何だろう。虹色
     の雲から舞う雨粒でさえ，お前から降り注ぐ歌の雨ほどまばゆく
     はない）

be 動詞の場合は You don't be a coward. とは言えず，do は使
わずに，You are not a coward. のようにする。do が普通動詞から
の派生であるためだが，命令形のときは Don't be a coward. とし
て一般動詞の型と合わせる。ただし Be not anxious. という言い方
もある。否定疑問のときは Aren't you ～? だが，Are you not ～?
となることもある。not がはっきり出るぶんだけ強意的になる。I
のときは，amn't という言い方がないため（方言にはある），Am I
not ～? となり，口語では Aren't (Ain't) I ～? となる。
　否定語を前のほうに出す文例をいくつか挙げる。

(3) a. Very few of the sixpences I have given my son have

found their way to the money box.

（息子にやった6ペンスが貯金箱に入ることはほとんどなかった）

b. Nowhere have I received such a warm welcome from the city's residents.

（市民からこれほど温かな歓迎を受けたことは今までない）

c. Not all of the story did she relate to me.

（彼女は話をすべて語ったわけではなかった）（部分否定）

d. Under no circumstances should you tell a lie.

（どんな時でも嘘をつくべきではない）

e. Not until the train was already moving did he bundle the animal into Beckthorpe's arms.

(Evelyn Waugh, "On Guard")

（列車が動き出してからやっと彼はその動物をベックソープの腕に押し込んだ）

f. No sooner had I got off the ship than I was spoken to by a stranger.

（船を降りるや見知らぬ人に話しかけられた）

g. No matter how hard I tried, it was impossible to take off the bottle cap.

（どんなに頑張っても，びんのふたをはずすことは不可能だった）

　口語で think, suppose, seem, believe, imagine, expect のような推測を表す動詞がその後に否定文 (He will not succeed.) を接続する場合は，その文の否定語を前のほうに移し，本動詞のほうを否定して，I don't think he will succeed. のようにする。これは上

記の一部の日常語に限定される特殊な使い方である。think 自体が何かを強く主張する動詞ではなく，むしろ前置きとしてその主張を和らげる働きをするためで，not が think のほうに移ることで，否定が最初のほうで示され，続く文は否定されるのだという心構えができると共に，従属節の中は肯定になるので，否定の強い響きが消え，全体として控えめな表現になる。I don't think that 〜 のように接続詞 that を使っても言えるが，that は重い内容を導く形式的な語なので，話し言葉では基本的に省く。to 不定詞を取る場合も同様で，She doesn't seem to notice. が口語調で，相手への配慮が働くのに対し，She seems not to notice. は文語調で，自分の意見を述べる感じになる。省略形でも，I think not. よりは I don't think so. のほうが口語では一般的である。

　ただし，はっきりと断言する場合は，「I think ＋否定文」として，否定文を押し出す。もっと語気を強めれば insist, claim, assert といった動詞を使い，続く従属節の中に否定語を入れる。発言に客観性がある場合は that をつけ，その発言を浮き立たせる（日本語なら軽い「と」ではなく「ということを」の感覚になる）。hope や wish, fear や be afraid にも強い感情表出があるので，主張するときはやはり従属節内に否定語を入れ，I don't hope 〜 ではなく，I hope it won't 〜 とする。上記以外の動詞では主語の意志が係わってくるので，not の位置によって意味が違ってしまう。たとえば I pretend not to know the answer. は「答えを知らないふりをする」，I don't pretend to know the answer. は「答えを知っていると言うつもりはない」となる。

　過去に対する推測を表す助動詞（may, will, must）の場合も同じである。She may not have been happy.（彼女は幸せではなかったのかもしれない）のように，not は助動詞について may not で一つ

のまとまりを成すが，内容的には，She may have not been happy. のように，not は may を否定しているのではなく，have been happy のほうを否定している。しかし think の場合と同様，not は前に移動し，may にくっついている。He may not go away. も，「立ち去らないかもしれない」という推測の意味では，not は go away を否定している（アクセントは may）。しかし，話し手が外から見た推測ではなく，その人（主語）の意志や能力や義務を表す場合は，not はその助動詞を否定する。He may not go away. も「彼は立ち去ってはならない」という不許可の意味では not は may を否定している（アクセントは not）。

　日本語の場合は，「〜ではないと思う」と言ったほうが自然な言い方になり，「〜とは思わない」のように「ない」で文を言い切ると，相手の意見を強く否定したり，自分の意見を強調した言い方になる。「彼は来ないはずだ」と「彼が来るはずがない」も，前者はただの予測だが，後者のように「ない」を文末に置くと強い自己主張になる。

　さらに英語では肯定文で否定を表現することもできる。その否定表現は直接否定ではなく，論理的に考えれば否定になるといった間接的な否定表現になる。

(4) a. He would be the last man to betray us.

　　　（彼は我々を裏切る最後の男になろう。→ 彼は決して我々を裏切らない）

　 b. She is too old to climb that mountain.

　　　（彼女はあの山に登るには年を取りすぎている。→ とても年を取っているのであの山には登れない）

　 c. The problem has yet to be solved.

（その問題はまだ解かれなければならない。→ まだその問題を
解いてない）

d. He is anything but a gentleman.

（彼は紳士以外の何かだ。→ 彼は決して紳士ではない）

e. She is far from being innocent.

（彼女は無邪気からはずっと遠い。→ 彼女は絶対に無邪気では
ない）

f. He tried in vain to stop her.

（彼はむなしく彼女を止めようとした。→ 止めようとしたがで
きなかった）

g. The beauty of the vase is beyond description.

（その花瓶の美しさは記述を超えている。→ 言葉では言い表せ
ない）

h. I am past caring about what he thinks.

（彼がどう考えるかを気にすることは過ぎた。→ もう気にかけ
なくなった）

i. The honour of our house must be kept above reproach.

(Hearn, "Of a Promise Broken")

（我が家の名誉は非難の上に保たれなければならない。→ 非難
されないようにしなければならない）

j. He knows better than to judge by appearances.

（彼は外見で判断する以上のことを知っている。→ 外見で判断
するようなばかなことはしない）

k. He was as much a stranger to the stars as were his in-
nocent customers.　(R. K. Narayan, "An Astrologer's Day")

（彼は無知な客たちと同様，星に対しては他人だった。→ 星の
ことは何も知らなかった）

l. She dismisses his suggestion as beneath her consider-
ation.

（彼の提案を考慮以下のものとして退けた。→ 考慮に値しない
ものとして退けた）

m. God knows why he killed himself.

（神は彼がなぜ自殺したかを知っている。→ 彼がなぜ自殺した
かを誰も知らない）

n. I'll be damned if I can jump like that.　(William Saroy-
an, "One of Our Future Poets, You Might Say")

（もしあんなふうに跳べたら地獄落ちだ。→ 絶対にあんなふう
に跳ぶことはできない）

o. Keep off the grass.

（芝生からは離れていろ。→ 芝生に入るな）

p. Freeze!　Or I'll shoot!

（凍れ！ さもないと撃つ！ → 動くな！ 動くと撃つぞ！）

q. He looked around him wildly, as if the past were lurk-
ing here in the shadow of his house, just out of reach
of his hand.　　　　　　(F. C. Fitzgerald, *The Great Gatsby*)

（彼はあたりを荒々しく見回したが，それはまるで，過去がこ
の家の影の中の，手の届く範囲のほんのちょっと外側に→
ちょっとだけ手の届かないところに潜んでいるかのようであっ
た）

　二重否定は，I am not unaware of his suffering.（彼の苦しみに気
づかないわけではなかった）のように，否定の否定は肯定ということ
で，肯定の意味になる。効果としては，普通の肯定文で言う場合と
違い，少しは気づいていたという遠まわしの控えめな表現になる

（場合によっては十分よく分かっていたという意にもなる）。ただし元々は，先の I ne say not のように否定の強調であり，Shakespeare でも I cannot go no further. (*As You Like It*)（これ以上は歩けない）のように使われ，黒人英語や方言でも She never meant no harm.（彼女には決して悪意はなかった）のように普通に使われている。日常語では，ないない尽くしの意で，I have no money, no friend, no hope, no nothing. といった表現もある。時に三重否定もあるが，Why don't nobody never loosen up and let themselves go? (Dahl, "Butler")（どうして誰もくつろいで自由に振る舞わないんだ）といった言い方は話し手の無教養ぶりを示すものになる。not (never) … without doing の構文には否定が二つあるが，文字どおりには「〜せずには〜しない」，だから「〜すれば必ず〜する」という肯定文になる。You cannot be too careful (when you go abroad). も，「注意しすぎることはありえない」から，「注意しすぎてもよい」，「いくら注意してもしすぎることはない」となり，否定にもかかわらず，「〜しなさい」と勧める意になる。日本語の二重否定も，「行かないわけではない」は行くということである。「なくはない」とは「ある」ということ，しかし「ないものはない」と言えば，ないことの強調になる。ただし，文脈によって何でもあるの意味にもなる。

　否定には全否定と部分否定とがある。He is never idle. は He is idle. という文を否定するが，He is not always idle. のように副詞の前に not を置くと，not はその副詞を否定し，「いつも（必ずしも，まったく）〜というわけではない」という部分否定になる（absolutely, necessarily, terribly, completely も同様）。not (very) much は「とても〜ということはない」だから「あまり」と訳し，not a little, not a few は「少しだけ〜ということはない」だから

「少なからず，大いに」の意になる。ただし not a ~ だと「一つもない」(There was not a sound upstairs.) で，まったくないことになる。副詞でも certainly, apparently, fortunately などは文全体を修飾するので not の後ろには来ない (I don't know for certain. は可)。一方で，always, everyone などは not を後に置くことができず，never や no one で言い換える。だから He always not complain. ではなく He never complain. になる。often は His speech is (not often / often not) clear. の場合，not often は「よく~するわけではない」の部分否定で seldom と言い換えられ，often not は「~しないことがよくある」の全否定になる。all の場合，not all は部分否定だが，not ~ all や all ~ not の語順では文脈によって全否定になることも部分否定になることもある。

　日本語の場合，部分否定は取り立ての助詞「は」がよく使われる。「全員が行かない」は全否定だが，「全員はいかない」は部分否定になる。「毎日（は）行かない」は，「は」がないと全否定，「は」があると部分否定で，よく行くけれど毎日ではないの意になる。修飾の仕方としては，全否定では「毎日」が「ない」に掛かるが，「毎日は」とすると，「は」によって「毎日」が話題として取り上げられ，「毎日ということになると」の意になるので，それを「ない」が否定することになる。さらに「全員が東京には行かない」とすると，「全員が行かない」という全否定と，「全員が東京へ行くわけではない」という部分否定の場合があり，文脈に依存する。

　副詞句・副詞節が not の後に来る場合，たとえば I didn't leave her because I loved her. だと，not がどの語に掛かるかで二つの意味が生じる。not が leave を否定する場合は「彼女を愛していたから別れなかった」となるが，not が because を否定する場合は「彼女を愛していたから別れたのではない（別れた理由は別にある）」

となり，前者は別れない，後者は別れたことになる。どちらになる
かは前後の文脈で意味が限定される。あいまいさを避けようとする
なら，前者の場合はコンマを because の前に置く，後者の場合は
not を because の直前に移すことで意味が限定される。同様に，I
didn't betray my friend to get a profit. も，文脈から切り離せば，
「利益を得るために友を裏切ったのではない」意と「利益を得るた
めに友に裏切ることはしなかった」意があり，一方は裏切る，一方
は裏切らないという結果になる。前者の場合，not は本来は to の
直前に置かれるべきだが，否定語はなるべく前へという心理から前
に出てきた形になる。The brother is not clever like his sister. の
場合は，兄は妹ほど勉強ができない意と，妹と同様に勉強ができな
い意が生まれる。日本語でも「兄は妹のように勉強ができない」に
は二つの意味があるが，「は」をつけ，「妹のようには」とすると前
者に限定される。I helped Dorothy to turn a great picture, that
leaned with its face towards the wall, and was not hung up as the
others were. (Gaskell, "The Old Nurse's Story") の場合は「その絵は
正面を壁に向けて（つまり裏返しで）掛けてあり，ほかの絵のよう
に（きちんと）掛かっていなかった」ということで，ほかの絵（the
others）は，were の後に not はないから，ちゃんとした形で壁で
掛かっていたことになる。日本語の場合，「父は死んでいない」も
あいまいで，死んでもうこの世にいない場合と，まだ死んではいな
い場合がある。「で」は，前者だと接続助詞「て」の転で，その後に
読点をつけられるが，後者は「死んでいる」の否定形なので，「で」
は断定の助動詞「だ」の連用形になり，その後に読点はつけられな
い。後者は「死んでない」とも言えるが，この場合の「ない」は形
容詞，「い・ない」だと助動詞になる。
　英語の否定表現で，nobody や nothing ほど英語らしいものはな

い。無とはないものであり，自然界には存在しないが，しかし言葉の上では存在し，代名詞として，主語にもなれば目的語にもなる。Nobody knows what to do. という文では，主語に当たる人物は，意味上では存在しないにもかかわらず，文法上では代名詞として存在を持ち，he と同様，単数形扱いで，動詞には -s をつける。これは数字の 0 の発想と同じで，0 は，実質的には存在しないものだが，数字の上では目に見えるものであり，りんごが 0 個あるという言い方もでき，5 - 5 = 0 という数式も成り立つ。一方，日本語は，「ない」は形容詞として存在するものではあったが，しかし述語を構成することはできても，英語のように代名詞化し，主語にしたり目的語にしたりすることはできない。英語ほど論理的，数学的ではないということになろう。なお nobody も nothing も昔は no body のように 2 語で，それが 1 語になったものである。no one は人だが，それを縮めた none は物にも使う。

3.　日本語の否定

　日本語では，否定表現はすべて否定語を文末に置き，「～ではない」という形になる（命令形の場合は「～するな」）。その点，単純で，英語のような多様な表現方法はない。ただし，文中に「決して，少しも，まったく，全然，とうてい，あまり，どうも，たいして，めったに，いっさい」のような副詞や「しか」という助詞，「間違っても，必ずしも，～だからといって」といった語句をつけると，その時点で否定が暗示される。だから「決してそのようなことは」で文を切って，否定を暗示することもある。「それはちょっと」「どうもねえ」「とてもとても」という言い方もできる（「とても」は本来は「ない」と続くものだった）。英語は not の位置が前方だから，

こういうやり方はできない。また漢語には否定語として「不」,「非」,「無」,「未」があり,「不可能だ」,「非常識だ」,「皆無である」,「未定である」のようにも言える。あるいは囲碁から来た「駄目」という言葉もある。しかしそれらは名詞・形容動詞であり,述語を否定することはできない。「ない」しかないのである。

　もっとも,古語に目を向けると,「なし」という形容詞のほかに,「ず」「じ」「まじ」という否定の助動詞があった。「飛鳥川淵は瀬になる世なりとも思ひそめてむ人は忘れじ」(古今和歌集)では「じ」,「わが袖は潮干に見えぬ沖の石の人こそ知らねかわく間もなし」(万葉集)では「ぬ,ね,なし」と三つの否定語が使われている(「ぬ,ね」は「ず」の活用)。この形容詞の「なし」は,「ない」という形で残っているが,助動詞のほうは,「来・ず」の場合は「来ない」に変わり,「来・じ」や「行く・まじ」という打ち消し推量は「来ないだろう」,「行かないつもりだ」のように,一語ではなく数語に分ける分析的表現に変わった。「来ず」から「来ない」への変化は,「来ず」の連体形「来ぬ」が終止形となり,「ぬ」が衰退して,代わりに,上代・東国方言の助動詞「なふ」から派生した「ない」が接続して(あるいは形容詞「なし」の口語形が接続して)「来ない」となった。ただし西国方言では「ぬ」が残り,「来ぬ」「来ん」のように言う。[3] また「行くまい」の「まい」は「まじ」の口語形だが,「行くべからず」という言い方と同様,文語的な言い方になる。否定・過去の「なんだ」(知らなんだ)も関西ではその形で今でも使うが,関東では「なかった」になる。「なんだ」は「ぬ(打ち消しの助動詞「ず」より)+

---

[3] 「ず」の連体形がザ行ではなくナ行の「ぬ」になるのは変に思われるが,「ず」は無変化の活用で,これとは別に上代に「な」の系列があり,これが「ぬ,ね」と活用し,「な,に」は消滅して「ず」に統合されたと考えられている。さらにそれに「ざり」(ず+あり)が統合され,「ず」は三系列から構成されている。

た（完了の助動詞「たり」より）」だが，「なかった」は「なかっ（形容詞・助動詞「ない」の連用形）＋た（完了の助動詞）」になる。否定・丁寧は「ませんです」「ましない」「ないです」から「ません」（「ませ（丁寧の助動詞「ます」の未然形）＋ん（否定の助動詞「ぬ」の転）」），否定・過去・丁寧は「ませなんだ」「ませんだった」から「ませんでした」へと変化している。したがって，古語の多様な表現は，丁寧語表現で使う「ん」を除き，現代口語では「ない」に単純化されたことになる。ただし古語でも連体形・連用形の慣用表現は今でもしばしば使われる。「あるまじき行い」「忘れじの街」「いかずじまい」「やむを得ず」「許せぬこと」「知らぬ間に」など，文語らしい歯切れのよさがある。「朝食を食べずに行く」「飽きもせずに眺める」は古風な言い方を残す関西の言い方で，関東では「食べないで」「飽きもしないで」になる。[4]

　否定表現が，英語では多彩多様なのに，日本語では単純になるのは，否定表現が英語では好まれ，日本語ではあまり好まれないことを意味する。それは文化の問題として，否定表現に対する日本人と西欧人の気質の違いがある。西欧人は古代から個人主義の精神があり，相手がどうであろうと，自分の意志を明確に表明しようとする。イエス・ノーの選択に人間の自由意志があるから，ノーという言葉をためらわず，積極的に使える。一方，日本人は古代から和を貴ぶ精神があり，仲間や集団との調和を重んじるから，相手のノーに同調するノーは言えるものの（その場合でも「そうだ」と言う），

[4] 古語がすたれたといっても，昔からの文芸である俳句・和歌では，字数制限もあり，日常的な口語よりも格調ある文語のほうが好まれる。たとえば「たはむれに母を背負ひて／そのあまり軽きに泣きて／三歩あゆまず」（石川啄木），「燕はや帰りて山河音もなし」（加藤楸邨）の最後の句を「三歩あゆまない」「音もない」としても，母音連続のために締まりがない印象を与える。

相手の意見に反対するノーはなかなか言えない。相手に向けて発するノーは，西欧ではボールのようなもので，当たってもそう痛くなく，こちらからもまた投げ返せばいいが，日本ではナイフのようなもので，相手を傷つけるから，なかなか投げつけられない。また投げつけられてもすぐには投げ返せない。特に相手が自分より上の者であれば，相手の意見を否定したり，その要求なり勧誘なりを断ることは，相手の権威に逆らったり人格を否定することにもなるため，非常に難しいことになる。

　日本語の否定表現は多様ではなく，ほとんど「ない」しかないのであるが，その分，「ない」を使った形容詞は実にたくさんある。日本語では「ない」がついても，英語では否定語なしで，一語で言えるものである。該当する英語を添えて例を挙げると，もったいない（wasteful），はかない（fleeting），とんでもない（terrible），途方もない（extraordinary），やるせない（miserable），つまらない（dull），くだらない（silly），なさけない（pitiful），みっともない（shameful），味気ない（dreary），たわいない（silly），つたない（poor），つれない（cold），さりげない・なにげない（casual），かたじけない（thankful）などである。語源は，たとえば「つまらない」は「詰まる」の否定形で，スカスカしていて貧弱で物足りないというさま，「くだらない」は「下る」の否定形で，元は「読み下せない」，つまりすらすらと読めない，筋が通らない，たいしたものではないの意，「もったいない」は「物体無い」で，本来の立派な形がなくなっていて惜しまれる，あるいは，そこまでしてこちらに恵んでくれてありがたい意を表す。「ない」で終わる形容詞の中には必ずしも否定の意味を含まず，強意の接尾語がついたものもあるが，その「ない」の用法は今では廃れているから，ほとんど区別がつかない。せつない（sad），きたない（dirty），あぶない（danger-

ous），だらしない（loose），せわしない（busy），あっけない
（easy），はしたない（mean），えげつない（nasty），ぎこちない
（awkward），少ない（few）などが強意形である。

　英語でこれに似たものとしては，形容詞に in-（il-，im-，ir-），
un-，dis-，non- といった接頭語，あるいは -less という接尾語を
つけて反意語を作る用法がある。un-，-less はアングロ・サクソン
語，それ以外はラテン語由来であるから，日本語では非や不をつけ
て反意語を作る漢語の用法に相当する。inconvenient（不便な），
impossible（不可能な），invisible（不可視の），disagreeable（不快な），
unscientific（非科学的な），inhuman（非人間的な）のようになる。し
かしながら，それらの語には必ず元の語があり，その語とは「肯定
－否定」の関係が成り立つ。それに対して上記の日本語の形容詞の
場合，その対立がなく，あっても廃れていて，否定の意味のない形
容詞となっている。たとえば「心ない」の反意語は「心ある」で意
味を成すが，「つれない」（連れ無い）や「はかない」（果無い）の反
意語として，「つれある」とか「はかある」とは言わない。

　また「ない」を使った慣用句として，「〜かもしれない」，「〜な
ければいけない」，「〜に違いない」がある。「〜かもしれない」は，
〜かどうかは知ることができないの意，「〜なければいけない」は，
〜しないとしたらよくないの意，「〜に違いない」は，〜に間違い
はないの意になる。これは英語では may，must に相当するが，英
語には否定の意はいっさい含まれていない。口語ではよく，「〜か
も」「〜なければ」で切り，後は略して余韻を残す。「いけない」は
「行けない」が元の意だが，それ自体で慣用句になっており，多義
的である。「走ってはいけない」は禁止，「転んだらいけない」は用
心，また「いけない子」は「悪い」の意になる（逆は「いける」で，
「この酒はいける」のように「よい」の意。ただし文法的には動詞）。

「いけない子」を「行けない子」と漢字で書くと「行く」意が出てしまうので，かな書きになる。また「〜にすぎない」は「過ぎる」の否定形で，〜を超えない，ただ〜だけ，の意になる。さらに，相手に対する問いかけの場合も，「休まないか」「雨，降らないかしら」「これが正解じゃないかな」「お腹，空いてない？」「消しゴム，貸してもらえませんか」「食べてもかまわないか」などと言う。これら「ない」を含む言い方は，「休もうか」「消しゴム，貸してもらえますか」「食べてもいいか」のような「ない」を含まない言い方が，そうすることを前提とした一方的で押し付けがましい響きになるのに対して，婉曲的で控えめな言い方になる。似た心理は英語にもあり，言い切りの文の後につける doesn't he? のような付加疑問も主文の主張の強さを緩和している。

　また日本人がよく使う表現として，「しかたがない」「しようがない」「やむをえない」「どうしようもない」「するしかない」がある。英語の表現としては cannot help 〜 ing（〜せざるをえない）があるが（help は「避ける」の意），しかし英語の場合は，I cannot help laughing. のように，自分の感情を抑えられないという意味でよく使われる。日本語としては「せずにはいられない」「思わず〜してしまう」とも訳せるから，「しかたがない」という言い方とはずれる。これも文化と係わり，英語は自分を中心に物事を考えるが，日本人は社会生活でさまざまな義理に縛られ，なかなか自分の思うとおりには振る舞えないためであろう。自由に振る舞えなければ，諦めの表現を使わざるを得ない。

　日本の社会では，上下関係で成り立つため，目上の者にノーと言うことはできないが，自分に対しては，謙譲の美徳として是認される。相手への贈り物をつまらない物ですが，とか，もてなすときに何もないですがと言ったり，自分を未熟者とか至らない者と言った

り，身内を，うちのろくでなしとか，あの役立たずと呼んだりする。手紙や公の席では，自分や家族にどんなに自信と誇りを持っていても，愚見，愚考，愚妻，愚息，愚弟などと呼ぶのが謙虚さの表れになる。愚息の代わりに豚児という呼び方もある。謝罪する場合は，「すみません」とか「申し訳ありません」と言うが（「～ません」は「ない」の丁寧な表現），英語では I'm sorry. とか Excuse me., あるいは I beg your pardon. で，そこに否定語は含まれない。謝罪の気持ちが強まれば，「おわびの言葉もございません」とか「わたしの力が及びませんでした」「弁解の余地もありません」と言って自分を否定する言葉をさらに強めることになる。謝罪どころか，感謝の気持ちを述べる場合でも，英語では Thank you. なのに，日本語では，相手に苦労や配慮をさせたことから，「すみません」とか「申し訳ありません」と言う。「ありがたい（有り難い）」「かたじけない」「もったいない」も感謝の言葉になる。和を貴ぶ社会では，へりくだり（語源は「減り下り」）の気持ちから，自分を否定する気持ちが強くなるのである。

　その違いがはっきりと出るのが，否定の疑問文の答え方であろう。「行かないの？」という問いに対し，行くのであれば，「いいえ，行きます」と答え，行かないのであれば，「はい，行きません」と答える。これは「の」が確認の問いになっており，行くと思っていたけど行かないの？ の意味になっているためである。だから，行く場合には，相手の疑いを打ち消して，そういうことはない，ちゃんと行きます，という意味で，いいえと答え，行かない場合には，相手の思っているとおりという気持ちを出して，はい，そのとおりです，と答える。英語では Aren't you going to the party? であり，行くのであれば Yes と答え，行かないのであれば No と答えて，イエス，ノーの答え方が日本語の場合と逆になる。これは英語では

94

相手の気持ちに対して答えるのではなく，自分の気持ち，あるいは事実に即して答えているからである。日本語は人を見て話し，英語は物を見て話すという心理の端的な表れになる。同じ否定表現でも，「行かないか」となると，また答え方が違ってくる。これは勧誘なので，行くのであれば「はい，行きます」，行かないのであれば「いいえ，行きません」となる。このように，相手の気持ちをどう読み取るかで，日本語では答え方が逆転してしまう。英語での勧誘は，Won't you come with me? であり，答え方は自分の気持ちに即した答え方になる。

　この「はい」「いいえ」は感動詞（間投詞）である。否定は，平安時代までは「いな（否）」で，室町時代に「いや」に代わり，江戸時代からはさらに「いえ」「いいえ」が丁寧な表現として使われるようになった。しかし形容詞にも使われる no と違い，あくまで感動詞であり，単独で使われ，文中の構成要素になることはない。肯定の場合は「はい」「ええ」が使われる。古語では「あ，ああ，あい」「えい」「や，やあ」「を，をい」などがある。[5] ぞんざいな言い方では「うん」とも言う。「うん」の逆は「ううん」になる。「うーん」と引き伸ばすと，返事をためらう言い方になる。「ええ」も「えー」と引き伸ばすと，やはり返事をためらい，引き延ばす言い方になる。何かに感心するときは，「いや，これはいい」とも言えば，「うん，これはいい」とも言うが，「いや」と「うん」は本来は逆の意味であ

[5] 否定が口を閉じる /n/ 音を中心とするのに対して，肯定は口を開ける母音や半母音を中心とする。肯定は英語では yes（イエス），yeah（ヤー），ドイツ語で ja（ヤー），フランス語で oui（ウイ）となる。他の言語では，トルコ語は evet，インドネシア語は ya，フィリピン語は oo，韓国語はイェ，あるいはネとなる。ただしスペイン語，イタリア語では si，中国語では是（シー）の摩擦音，ロシア語は да（発音は da ダー）の破裂音になる。

る。「いや」を使うのは，そうではないように思っていたが，実際は，という気持ちであり，「うん」は，思っていたとおり，という気持ちになる。

　「いいです」「けっこうです」という言い方もあいまいである。「ビールどうですか」と誘われ，「いいです」と答えれば，いらないということ (No, thank you.)，「いいですね」と答えれば，ほしいということ (Yes, please.) になる。「いい」自体は「良い」(good)で意味が違うわけではないが，断るときの「いいです」は「(ビールは) いただかなくてもよい (かまわない・さしつかえない)」の前半部を省略した言い方になる。「お釣りはいいよ」は「お釣りをくれなくてもいい」，「その話はいい」は「その話はもうしなくてもいい」，「あなたはいいから黙っていなさい」は「あなたは話さなくてもいいから黙っていなさい」といった意味になる。こうした表現は，相手に伝えるものとして，「ビールはいりません」，「その話はしないでください」といった明確な否定表現よりは柔らかな響きになる。「いいかげん」もあいまいである。本来は良い加減で，「湯はいいかげんだ」のように言うが，マイナスの意もあり，「いいかげんな男」とは，良い加減を装ってズルをする無責任な男の意になる（この場合，形容動詞になり，アクセントが平板になる）。「いいかげんにしろ」は「いいかげんによせ」と同じ意味で，もう十分だからやめろの意になる（「～しろ」は，～したところで無意味だの暗示）。「適当」もプラスとマイナスの両意があるから，試験問題では「適当」は使わず，「適切な言葉を入れよ」のようにしないと，何を書いても正解になる。

4. 否定と文化

　否定とは人間固有の思考法で，まず期待があり，それが見出され
ないときに使われる。人の期待を拒むとき，また自分の期待を捨て
るときも同様である。だから初めから事実としてあるものではな
く，人間が作り出す概念になる。否定は，行動としては，創造のた
めの原動力として働く。何かを否定することで，それに代わる新し
いものを作り出そうとするからである。

　西欧の社会と歴史は大きく言って，否定によって発展してきたと
も言える。西欧は個の文化であり，人と人，部族と部族，国と国が
あれば，そこには対立があり，その対立は，均衡が保たれなけれ
ば，相手を否定し，支配下に置くことで克服される。空間的には，
自分たちとは違う文化を否定することで領土を広げ，時間的には自
分たちの前の文化を否定することでそれとは違う新しい文化を作り
出してきた。だから否定は新しいものを作り出すための原動力と
言ってもいい。創造的精神は，言語的発想としては，否定と，さら
に仮定法によって作り出される。仮定法とは，現実はこうだが，も
し仮にそうではなく，こうであれば，このようになっているのにと
いう発想であり，現実を否定して理想的な状態を作り出そうとする
力を持つ。一方，日本は，他国とほとんど係わりを持たない孤立し
た島国であったため，歴史においても社会においても，その否定の
力は西欧ほど大きくは働かなかった。むしろ日本では和の力が働
き，否定の精神を，不和をもたらすものとして嫌う傾向があった。
仮定法も現実否定を前提とするから，和の社会の中では好ましくな
い発想であった。個人の生き方においても，西欧は個人主義が根強
く，対立する相手に対してはノーと言って，みずからをしっかりと
保持しようとする。しかし日本では，和の文化の中で，相手を否定

したり自己を主張したりすることは抑えられる。ノーはむしろ自分に向かい，自己を抑えることが求められる。「見ざる聞かざる言わざる」という自己否定の精神が日本人の精神であり，それはたとえばシーザーの veni, vidi, vici（来た，見た，勝った）という前進と肯定の精神とは逆になる。

　歴史的には，西欧は，戦いを通して他民族・他国家を否定してそれを支配しようとし，自らは革命によって過去を否定し，新しい世界を作り出してきた。とりわけルネサンス，産業革命，イギリス革命，アメリカ独立革命，フランス革命，ロシア革命などは社会の土台や構造そのものを変革した。革命は revolution と言うが，「回転」というその語源が示すように，社会の土台そのものを引っくり返すことであった。一方，日本は，明治を迎えるまでは，戦いとは国内での日本人どうしの戦いであったし，政治でも，改革はあっても革命は起こらなかった。大化の改新，享保の改革，天保の改革などは reform，つまり改良であり，土台や構造はそのままに表面だけをよくすること，建武の新政，明治維新などは restoration，つまり回復であり，壊れかけたものを元に戻すことであった。このように日本では否定よりも肯定，変化よりも維持の力のほうが強かった。国家の頂点には，象徴とはいえ，古代同様，今でも万世一系の天皇がいる。

　文化的には，英語には牧畜文化の精神が浸透しており，ちょうど牧畜民がある土地に落ち着いても，その土地が不毛になれば，そこを否定し，放棄して，豊かな牧草地を求めて旅に出るように，否定を通して，肯定できる新しい世界を見出そうとする。一方，日本語の精神は稲作文化の精神であり，大地にしっかりと根を下ろし，皆と力を合わせ，先祖から受け継いだ田地を守ろうとするように，ある状態を受け入れ，肯定して，それを維持しようとする。言語もそ

うした文化的土壌に咲き出た花になる。英語には他動詞が多く，日本語には自動詞が多いということも，目標を定め，前に進み出る発想と，安定の維持に価値を見る発想の違いになろう。また英語はノーに多様な表現があり，日本語には少ないことも，ノーを前進や変化をもたらすものとして肯定的に見る発想と，ノーを安定や秩序の破壊と否定的に見る発想の違いになろう。

5. 作品例

　最後に文学に現れた否定表現を見ておく。否定は思想的には無常観として現れ，それを日本人は諦観として，西欧人は恐怖として捉える。まず日本で代表的なのは中世の無常の文学である。

（1）　祇園精舎の鐘の声，諸行無常の響きあり。沙羅双樹の花の色，盛者必衰の理をあらはす。おごれる人も久しからず，ただ春の夜の夢のごとし。たけき者も遂にはほろびぬ，ひとへに風の前の塵に同じ。
　　　遠くの異朝をとぶらへば，秦の趙高，漢の王莽，梁の朱忌，唐の禄山，これらは皆，旧主先皇の政にも従はず，楽しみを極め，諫めをも思ひ入れず，天下の乱れんことを悟らずして，民間の愁ふるところを知らざつしかば，久しからずして，亡じにし者どもなり。　　　　　　　　　（『平家物語』）

　鐘の音，咲く花という静かな世界があり，そこから残酷な無常の世界が浮かび上がる。否定語は，一段落目は「無常，久しからず」で，「必衰，ほろびぬ」という言葉や，春の夜の夢，風の前の塵といった比喩が無常観を強める。二段落目には「ず」が，「ざつ」（「ず」の連用形「ざり」の促音便）を含め，5回続く。さらに「乱れ

ん」「亡じ」という言葉が否定的な雰囲気を強めて，響き渡る鐘の
ごとく，否定の世界がどこまも広がっていく。次も同じ無常の文学
である。

(2)　ゆく河の流れは絶えずして，しかももとの水にあらず。淀
　　みに浮かぶうたかたは，かつ消えかつ結びて，久しくとど
　　まりたるためしなし。世の中にある人とすみかと，またか
　　くのごとし。
　　……朝に死に夕に生るるならひ，ただ水の泡にぞ似たりけ
　　る。知らず，生れ死ぬる人，いづかたより来りて，いづか
　　たへか去る。また知らず，仮の宿り，誰がためにか心を悩
　　まし，何によりてか目を喜ばしむる。その主とすみかと，
　　無常を争ふさま，いはば朝顔の露に異ならず。或は露落ち
　　て，花残れり。残るといへども，朝日に枯れぬ。或は花し
　　ぼみて，露なほ消えず。消えずといへども，夕を待つ事な
　　し。
　　　　　　　　　　　　　　　　　　　　　（鴨長明『方丈記』）

　ここでも河の流れという静かな世界があり，そこから無常の世界
が浮かび出る。否定語は，前半は「絶えず，あらず，なし」で，う
たかた（泡の意）の比喩，「消え」という言葉が人生のはかなさを強
める。後半は「知らず，無常，異ならず，消えず，なし」で，「落
ちて，枯れぬ，しぼみて」とか「水の泡，死，露」という言葉が無
常観を強める。「絶えず」と「消えず」は意味上はよい意味になる
が，しかし表現上は打消しで，繰り返されるさざ波のように否定の
リズムを作り出し，否定の雰囲気を強めている。やはり流れる河の
イメージが，無常の比喩であるとともに，悟りにも似たある静けさ
を漂わせている。
　この二つの作品はどちらも人の世のはかなさを嘆くものだが，兼

好法師が「世の定めなきこそいみじけれ」(『徒然草』第七段)(「いみじ」はすばらしい意)と言っているように，日本人はもともと，川の流れ，季節の変化，人生の移り変わりに対して，悲観的に見る一方で，それを肯定的に，時には美の現れとして見る感受性がある。とりわけ和歌で人生のはかなさを歌うとき，自然の移り変わりと重なることで，無常のさまに美を見たり，悲しみに心地よく酔う感覚がある。「花の色は移りにけりないたずらにわが身世にふるながめせしまに」(小野小町)，「たれこめて春のゆくへも知らぬまに待ちし桜も移ろひにけり」(古今和歌集)，「手に結ぶ水に宿る月影のあるかなきかの世にこそありけれ」(紀貫之)，「桜花咲きてむなしく散りにけり吉野の山はただ春の風」(源実朝)といった和歌から，俳句の「夏草や兵どもが夢の跡」「塚も動け我が泣く声は秋の風」(芭蕉)，また「昔の光いまいずこ」と歌う「荒城の月」(土井晩翠詩，滝廉太郎曲)，「お里のたよりも絶えはてた」と歌う「赤とんぼ」(三木露風詩，山田耕筰曲)といった歌謡まで，満たされていたものが失われるさまを悲しく美しく歌う心は一貫している。俳諧のワビやサビもわびしさや寂しさの美化であるが，その心とも通じている。まったくの絶望に陥らないのは，その背後に大地の存在があるからだろう。自然は人間をやさしく包む母にも等しいものであり，無常に打ちのめされる心を慰める救いにもなっている。

　西欧の場合，古代から存在（being）というものが絶対とも言える肯定的価値を持ち，無はその欠如として否定的に見られる。「わたしはアルファでありオメガである」と語る聖書の神は存在のすべてであり，神の創った天地万物のすべては秩序と統一を持ち，美しさに輝く。その意志は人類の歴史や社会，国家や人間の宿命まで支配しており，したがって，何かが崩壊するとき，そこには神に見捨てられたかのような絶望的な壊滅感が漂う。シェイクスピアの『リ

ア王』には破壊の嵐が吹き荒れているが，それはすでに出だしの会
話に暗示されている。

(3)　*Cordelia*.　Nothing, my lord.

　　　　Lear.　Nothing!

　　　　Cordelia.　Nothing.

　　　　Lear.　Nothing will come of nothing: speak again.

　　　　Cordelia.　Unhappy that I am, I cannot heave

　　　　　　My heart into my mouth: I love your majesty

　　　　　　According to my bond; nor more nor less.

(Shakespeare, King Lear 1.1)

　　　（「申し上げることは何も」「何も！」「何も」「何もないところから
　　　は何も出てこない。もう一度言ってみろ」「不幸なことに，私は心
　　　の思いを口にすることができません。親子の絆のままにお父様を
　　　愛しております。それ以上でもなく，それ以下でもなく」）

　この7行の会話に，nothing, un-, not, nor という否定語が9
個も散りばめられている。王国や家族の崩壊の物語が始まる前に，
すでに言葉の上から否定の空気が濃厚である。そして長い破壊と混
乱のあと，この劇を締めくくるリアの叫びは，And my poor fool
is hang'd! No, no, no life!/Why should a dog, a horse, a rat,
have life,/And thou no breath at all? Thou'lt come no
more,/Never, never, never, never, never! (5.3)（娘はかわいそうに殺
されてしまった！ ない，ない，命がないのだ！ 犬も，馬も，鼠も生きてい
るのに，なぜお前は息をしてない。もう帰ってくることはないのだ，ない，
ない，ない，ない，絶対に！）で，4行の間に否定語が10個も連続す
る。この劇は Nothing に始まり，Never で終わると言ってもよく，
どんなに立派なものもすべて崩壊し，無に帰していくという絶望的

102

な無常観が色濃く出ている。

　現代になると宗教の衰えとともに虚無感が強くなる。コンラッド の『闇の奥』が典型的である。

(4)　　"His was an impenetrable darkness. I looked at him as you peer down at a man who is lying at the bottom of a precipice where the sun never shines. ... Did he live his life again in every detail of desire, temptation, and surrender during that supreme moment of complete knowledge? He cried in a whisper at some image, at some vision—he cried out twice, a cry that was no more than a breath:

　　"'The horror! The horror!

(Joseph Conrad, *Heart of Darkness*)

(『彼の闇黒はほとんど底知れぬものだった。彼の寝姿を眺めなが ら，僕は日の光一つ射さない，断崖の底に横たわっている人間を 覗きこむような思いがした。……このいわば完全知を獲た至上の 一瞬間に，彼は彼自身の一生を，その欲望，誘惑，惑溺と，それ らのあらゆる細部にわたって，あらためて再経験しつつあったの ではなかろうか？　なにか眼のあたり幻でも見ているように，彼は 低声で叫んだ，――二度叫んだ。といっても，それはもはや声のな い気息にすぎなかったが。

　　『「地獄だ！　地獄だ！」）　　　　　　　　　　　　　（中野好夫訳）

　ここでは never, no という否定語も使われているものの，それ よりも darkness というイメージで視覚的に示されている。光とは 存在を浮かび上がらせるものだから，主人公の心を占める an impenetrable darkness とは光の全否定であり，絶対的な無に等しい。

人生とは幻影であり，その根底には暗黒の虚無が横たわっている。幻影が消え，その虚無に目覚めるとき，人生は恐怖となる。これはただ一人の人間のヴィジョンではなく，存在に価値を見る西欧人そのものの宿命であり，その社会や文明にもおよぶ否定的なヴィジョンになる。この真空の中に投げ出されたような徹底した虚無の感覚はきわめて西欧的であり，無常観，あるいは自然の流れに静かに身をゆだねる日本人の態度とは異なる。

　現代演劇ではベケットの『ゴドーを待ちながら』が虚無感に満ちている。ゴドー（Godot）の正体は不明だが，神（God）と捉えるとその絶望感が見えてくる。人間は神をひたすら待ち続けるが，その神が訪れることは決してない。We wait. We are bored. ... In an instant all will vanish and we'll be alone, once more, in the midst of nothingness! (act 2)（おれたちは待っている。退屈している ...... 一瞬ですべては消え去り，おれたちは再び，虚無のど真ん中で独りぼっちになるんだ）と語られるように，語り手は神を失った現代で人生の根底に nothingness を見ており，その中で来るはずもない救いをひたすら待ち続けている。そしてその生の空しさが，現代人の宿命となる。比較すると，和を重んじる日本人の場合は和の喪失が無常観を強めるが，個を重んじる西欧人の場合は個の存在の喪失が虚無感を強めることになる。

第4章　時制と相

1.　時間

　英語における時制（tense）とは，動詞表現で，I go, I went, I will go のように，現在は現在形，過去は過去形，未来は未来形を用いて表現するということである。ただし未来形は，ラテン語やフランス語などにはちゃんとした動詞の語形変化があり，たとえばフランス語の chanter（＝sing）だと，一人称単数 je（＝I）の場合，語幹の chante に未来を表す語尾 -rai をつけて je chanterai，二人称 tu（＝you）では -ras をつけて tu chanteras，三人称 il（＝he）では -ra をつけて il chantera のように言う。しかし英語には特有の活用がなかったため，昔は現在形で未来を表し，現代英語では助動詞 will や shall，be going to といった補助的な語句を用いて表す。近い未来で，確定した事柄については，昔のままに現在形を用いる。will を用いると，そうなるだろうという話し手の判断が入るためである。Tomorrow is Sunday., He is fifty-two next birthday., I retire from office in March. は，もう確定していて変更しようのない事実なので，will は入らない。

　一方，日本語は必ずしもそうした決まった表現を取らない。話し手の主観により，時間に縛られず，自由に表現できる。一般的には，過去の事柄は，動詞・形容詞の連用形に「た」という助動詞をつけて表現する。たとえば形容詞「寒い」の連用形は「寒かっ」で，それに「た」がついて「寒かった」になる。動詞では「来る」の過去は「来た」になる。しかしそれは英語の時制のような絶対的な規則にはならない。たとえば「きのう叔母さんが来た」は過去のことで，英語なら My aunt came yesterday. となるが，少し表現を変え，「あっ，あそこに叔母さんが来た」とすると，「来た」は過去のことではなく，今のことになる。英語にすれば There comes my aunt. で，現在形を使う。この「た」は完了を表す助動詞で，「してしまった，してしまっている」の意を表す。過去になるのは，「きのう」という副詞で限定されているからであり，また現在になるのは，「あそこに」で限定されているからである。過去の副詞に限定されなければ，「あっ，来た来た」「疲れた」「お腹がすいた」「もうやめた」「ここにあった」のように今のことになる。この「た」は未来の事柄に関しても用いられる。「明日，おばさんが来た」とは言えないが，「明日おばさんが来たら言うつもり」とは言える。明日，その行為が完了したら，の意になる。あるいは，「明日は叔母さんが来るんだった」と言うとき，その語尾は，「きのうは日曜だった」という過去と同じ形を取る。この場合は話し手の思い出す行為が完了したことを表している。このように時間表現は，話す事柄ではなく，話し手の主観によるから，「た」は過去にも現在にも未来にも使うことができる。

　この日本語の時間区分は行為や状態の様相を捉えるもので，相（aspect）と呼ばれる。時間上の客観的位置づけではなく，その時それがどういう様子になっているかを示すもので，完了（起こった

こと）・状態（起こっていること）・未然（まだ起こっていないこと）に分けられる。述語となる用言（動詞・形容詞）はその語形変化により三つのタイプに分けられる。一つは，来る，食べる，眠る，持つ，置く，などの行為・動作を表す動詞で，三つの相の表現は，「来る」だと，「来た－来ている－来る（来よう・来るだろう）」のようになる。一般化すれば，完了は「連用形＋た」，状態は「連用形＋ている」，未然は終止形，あるいは「未然形＋（よ）う」か「終止形＋だろう」となる。この動詞の終止形「来る」は，英語の原形に相当するが，英語の場合は現在形，未来形を作るのに対し，日本語の場合は過去，現在，未来，すべての時間に対して使い，その行為がまだ起こっていないことを表す。「彼が来る」「明日，行く」「夜には完成する」は，すべて，これから起こることである。「だろう」という言い方は本来は未来ではなく推測の助動詞で，英語の will，shall の訳語として流用されたものだから，ぎこちなさを残す。だからたいていは使わず，「～と思う」のような言い方をする。過去では，「出かける前に電話した」の「出かける」のように，まだ完了していなければ過去にはならない。あるいは「朝，太鼓をたたく音に起こされた」のように，「たたく」は過去の出来事だが，「起こされた」と同時発生の場合は過去にはならない。書き言葉では過去のことでも動詞は過去にならないことがある。日記などでは「きのう，叔父に会う」のように言う。「きのう」という副詞で時が限定されているので，わざわざ動詞を過去にする必要がないのである。古語では，「男，川を渡る」のように，過去のことであっても，よく終止形を使う（過去は「男，川を渡りけり」）。漢文も日本語同様，相はあっても時制はないので，「項王の軍垓下に壁す。兵少なく食尽く。漢軍及び諸侯の兵，これを囲むこと数重なり」（『史記』）（項王軍壁垓下。　兵少食尽。　漢軍及諸侯兵，囲之数重。）とか，「子曰

はく，吾，十有五にして学に志す。三十にして立つ。四十にして惑はず。五十にして天命を知る」（『論語』）（子曰，吾十有五而志于学，三十而立，四十而不惑，五十而知天命）のようになり，過去の事柄でも過去形にはならない（完了の意を出す場合は動詞に「了」を添える）。口語では，現在の状態は，「眠る・置く・持つ」では時間が限定されないので，「眠っている・置いてある・持っている」のように，「いる・ある」という動詞を補助動詞として用いる。「壊している・壊れている」のように，他動詞だと動作の継続を表し，自動詞だと状態の継続になる。古語では「桜散る」という終止形で現在のことを表した。しかし現代語では明確に区別するようになったため，「散っている」としないと現在のことにならない。

　用言の語形変化の二つ目のタイプは，終止形が，未然ではなく，今の状態を表す動詞群である。「海が見える」「よく分かる」は今の状態を表している。このタイプは，「本がある」「人がいる」のように存在を表すもの，「思う，考える，悩む，嫌う，分かる」のように心情を表すもの，「見える，匂う，感じる」のように感覚を表すものが該当する。相の表現は，「思う」だと，「思った－思う－思おう・思うだろう」で，一般化すると，完了は「連用形＋た」，状態は終止形，未然は「未然形＋（よ）う」あるいは「終止形＋だろう」となる。ただし，今の状態を表す「彼は正しいと思う」は「彼は正しいと思っている」とも言える。「思う」が断定の響きを持つのに対し，「思っている」は今の一時的な状態を強調することになる。未然については，第一のタイプのような終止形は使えない。

　三つ目のタイプは，うれしい，痛い，苦しい，などの形容詞，静かだ，正確だ，のような形容動詞で，「うれしい」だと，「うれしかった－うれしい－うれしかろう・うれしいだろう」のように変わる。一般化すれば，完了は「連用形＋た」，状態は終止形，未然は

「未然形＋う」および「終止形＋だろう」となる。そもそも形容詞は状態を表す語なので、「思っている」のように「ている」は使えない（「悲しい」は「悲しんでいる」とも言えるが、「悲しむ」という動詞が元なので、第一のタイプになる）。補助形容詞もこのタイプになるが、「ない」については、「きのうは寒かった？」と聞かれ、「きのうは寒くなかった」とも答えられるが、「きのうは寒くない」とも答えられる。完了ではなく、状態を強調した言い方になる（助動詞の「ない」も同じ）。以上、総合すると、第二のタイプは第一のタイプと第三のタイプの中間の形になる。第一のタイプが人の意志の働く行為を中心とした動詞群なら、第二のタイプはそれ以外の、存在・心情・感覚を中心とした動詞群ということになろう。その点で第三の形容詞のタイプと似てくる。

　英語の場合、I live in Tokyo., I study English. は今の状態を表すが、日本語では「住んでいる」「勉強している」とする必要がある。「住む・勉強する」は未然を表すからである（ただし古語では可）。この「〜（し）ている」を直訳すると I am living., I am studying. となるが、これは英語では今の一時的な状態を表す言い方になる。The doctor tells me I can live long. の tell も、訳としては、「言う」よりも「言った」「言っている」としたほうがよいし、Now I know how he was killed. の know も「知る」ではなく、「知った」「知っている」となる。What brings you here? も「どうしてここに来たんだ」となる（brings は過去形でもよい。上例の tells, know も同様）。hear にも「聞く」と共に「聞いている」という現在完了の意がある。あいまいなのは forget と remember で、I forget his name. だと、「忘れた」と訳すが、動詞は現在形だから、忘れている、思い出せない、という今の状態になる。I have forgotten ... とほぼ同じ意味になるが、完了形はずっと忘れていると

いうことだから，意味がはっきりと出る。それに対し，I forgot に
すると，過去になるので，「忘れていた」，よって今は思い出してい
るということになる。I remember his name. も，覚えているとい
う今の状態を表すが，「思い出した」とも訳せる。日本語では「覚
えている」（状態）と「思い出す」（行為）は別であるが，英語では
同じになってしまう。同じになるのは，remember が覚えているこ
とを思い出す場合に使うからで，忘れていたことを思い出す場合は
recall とか recollect，あるいは remind になる（re- は再びの意で，
忘れたことを再び取り出すから）。

　現代の日本語の口語文法では連体形と終止形は同じ形だが，文脈
によって時間がずれることがある。「本がここにあった」と「ここ
にあった本」を比べると，前の文は過去のことも指せば今のことも
指す。しかし後の文は過去のことに限定される。前者に今の意味が
入るのは，「本がここにあった」は「ここにあるのを見つけた」とい
う完了の意味で，話し手の感情が入っているためである。「あっ，
人が来た」と「来た人は父だった」も同じである。また同じ「た」
でも，「太った人，濡れた道，老いた人」の場合は，今そういう状
態にあることを示し，一方，「歌った人，作った家，祈ったこと」
の場合は，その行為がもう終了していることを示す。どちらも「た」
は完了だが，前のグループは完了の結果が継続している場合，後の
グループは行為が完了し，もう終わっている場合になる。前者は自
然にそうなるという自動詞的な動作の場合，後者は他動詞を中心
に，自分の意志でする行為の場合になる。

　日本語では，過去の物語を，すべて完全な過去として書くのでは
なく，過去と現在が混ざり合う形で描く。やはり語り手の主観が働
いており，対象を遠くから眺めたり近くで眺めたりすることで，物
語に臨場感を与えている。芥川龍之介の「羅生門」の書き出しを英

訳と比べてみよう。

(1) 　或日の暮方の事である。一人の下人（げにん）が，羅生門（らしょうもん）の下で雨（あま）やみを待っていた。

　　広い門の下には，この男の外に誰もいない。唯，所々丹塗（にぬり）の剥（は）げた，大きな円柱（まるばしら）に，蟋蟀（きりぎりす）が一匹とまっている。羅生門が，朱雀大路（すざくおおじ）にある以上は，この男の外にも，雨やみをする市女笠（いちめがさ）や揉烏帽子（もみえぼし）が，もう二三人はありそうなものである。それが，この男の外には誰もいない。

Evening, and a lowly servant sat beneath the Rashō-mon, waiting for the rain to end.

Under the broad gate there was no one else, just a single cricket clinging to a huge red pillar from which the lacquer was peeling here and there. Situated on a thoroughfare as important as Suzaku Avenue, the Rashōmon could have been sheltering at least a few others from the rain—perhaps a woman in a lacquered reed hat, or a courtier with a soft black cap. Yet there was no one besides the man.

(Trans. Jay Rubin)

大きな違いは，日本語では過去が「待っていた」の一箇所なのに対し，英語はすべて過去形になっていることである。日本語では出来事を，今，目の前に起こっていることとして見るが，英語では距離を置いて見ることになる。英語にも文学作品などに，臨場感や突発感を出すため，過去形の文章の中にいきなり現在形の文が現れることがある（「歴史的現在」と言う）。しかし特殊であり，使用例は限られる。日本語では小説だけでなく，会話でもよく使う。

(2)　きのう井上のお見舞いに行ってきたんだ。ドアを開けたら，
　　　あいつ，いきなり起き上がって，こっちに手を振るんだ。
　　　何だろうと思って近寄ると，いきなりボールを投げやがる。
　　　一体どういうつもりなんだろうね。だから，何するんだと
　　　言うと，それには答えず，ただニヤニヤと笑っているだけ
　　　なんだ。あれが彼の歓迎の仕方なんだろう。

　話し手は昨日のことと明示した上で，その枠の中で，過去の出来
事の中に入り込み，今起こっているかのように話している。このよ
うに，日本語は，対象をそれ自体として客観的に描くのではなく，
聞き手を意識して，聞き手を話の中へ引っぱり込むような形で述べ
る。だから主語が明白であれば省かれるのと同様，過去という時間
も明らかであれば省かれ，今のこととして語られる。
　こうした語り方は今に始まることではなく，古代からの日本特有
の語り方になる。

(3)　今は昔，竹取の翁といふ者有りけり。野山にまじりて，竹
　　　を取りつつ，よろづのことに使ひけり。名をば讃岐造とな
　　　む言ひける。その竹の中に，もと光る竹なむ一筋ありける。
　　　あやしがりて寄りて見るに，筒の中光りたり。それを見れ
　　　ば，三寸ばかりなる人，いと美しうて居たり。翁言ふやう，
　　　「われ朝ごと夕ごとに見る竹の中におはするにて知りぬ。
　　　子になり給ふべき人なめり」とて，手にうち入れて家へ持
　　　ちて来ぬ。妻の嫗に預けて養はす。美しきことかぎりなし。
　　　いと幼ければ籠に入れて養ふ。　　　　　　　（『竹取物語』）

　最初は「けり」で過去として語られるが，「たり」「ぬ」という完
了の助動詞に変わり，そして「養ふ」などの動詞の言い切りになっ

ている。だから読者はどんどん物語の中に引き入れられる，あるいは物語がどんどん迫ってきて，目の前で展開されているものとして見るようになる。冒頭の「今は昔」が示唆的である。この表現には，「今となっては昔のこと」という意と「時は昔に戻り，昔が今になる」という意がある。英語では Once upon a time で過去の一点を指し，ずっと過去のこととして語られるが，「今は昔」だと，今の世界にいる読者に働きかけ，昔の世界に引っ張っていこうとする感覚がある。『今昔物語集』はどの物語も「今ハ昔」で始まり，昔を今として体験し，「トナム語リ伝ヘタルトヤ」で終わって，今に再び戻る形になっている。

　こうした日本語と英語の違いは，話す話題をどう捉えるかの違いである。英語では，自分のことを語る場合も，主語 I を立て，外から自分を客観的に捉える。その際，語られることも外から客観的に捉えられ，時間軸の上に置かれて，過去に属するものは過去形，現在に属するものは現在形，未来に属するものは未来形として整えられて表現される。しかし日本語では，語り手は客体化されず，いつも主体として前面におり，語られるものも客観化されず，語り手の主観的な態度を反映するものになる。「明日，叔母が来る」は「明日，叔母が来るんだ」とも言える。「だ」は聞き手への断言になるから，英語にすれば I tell you that my aunt will come tomorrow. となる。「明日，叔母が来るんだった」は思い出すという語り手の行為になるから，I remember that my aunt will come tomorrow. となる。同様に「きのう叔母が来た」は「来たんだ」とも言えるから，I tell you that my aunt came yesterday. となり，「きのう叔母が来る」は自分だけに語るものだから，I remember that my aunt came yesterday. となる。「あそこに叔母が来た」も聞き手に対して断言するものだから I tell you that my aunt has just come there.

となり，自分に向かって言う場合は I see my aunt coming there. で，「あっ，おばさんだ」ぐらいになる。英語では I tell you とか I remember といった表現は入らない。だから語られるものは語り手から独立した客観的なものとして提示される。しかし日本語では語り手の語る態度が常に暗示されている。

　この表現方法は絵の描き方と同じである。日本画では画家は対象を目の前にあるものとして見，焦点をそこだけに当てるので，対象は切り取られたように浮き立ち，平面的になって，背景はぼける。西洋画は遠近法であり，画家は外部にある消失点から対象を捉えるため，描くものは立体的になり，全景の中で捉えられる。言葉による表現方法も，日本語は語り手の言いたいことだけが示され，他はぼけたり消えたりするが，英語は言いたいことは外から客観的に捉えられ，全体的な構文として示される。時間についても，日本語は話し手が支配し，昔のことでもそこに焦点が当てられれば今のことになるが，英語は話し手からは独立して存在しており，過去は過去として客観的に捉えられることになる。

2.　進行形

　英語の進行形は「be＋現在分詞」の形を取り，今起こっていることに焦点を当てた表現方法になる。現在分詞は動詞に -ing をつけたもので，「〜している状態」を表す。だから，I am walking. だと，be 動詞が存在（いる・ある）を表し，その現在形だから，「今『歩いている状態』にある」→「歩いている」となる。be 動詞を過去形にすれば，行為が過去に移り，「その時『歩いている状態』にあった」→「歩いていた」となる。

　さらにそこから派生していろいろな意味を表す。He is leaving

for Paris. とすると近い未来の予定だが，He is going to leave for Paris. と比べると，going to が意志を表すのに対し，leaving は，そうすることが決まっていて，もう準備が整っている，あるいは準備をしている場合になる。He leaves for Paris (next week). と現在形にすると，The plane leaves for Paris at 12:30. と同様，はっきりと決まったスケジュールになる。He was dying from cold and hunger. は死につつあったということで，まだ死んではいない。助かったかもしれない。このことは fall, stop, change, learn などの変化を表す動詞に当てはまる。The boy was knocking at the front door. の場合は，ノックしつつあるではなく，繰り返しノックしていた意になる。hit, jump, kick, nod などの瞬間的な動作を表す動詞はこの意になる。My mother is always complaining. も，絶えず繰り返すという一種の誇張表現になる。She is being silly. は，She is silly. が本来の性質であるのに対し，一時的にそうなっている状態，つまり本来は silly ではないが，たまたま silly に陥っているというさまを表す。Amy was being a child. は，大人である Amy が一時的に子供に戻ったさま，She was wearing one shoe on her good foot. (Macken, "The Coll Doll") は，本来は両足に靴をはくが，足の怪我などで，一時的に片方だけはいているさまを表している。sit は座るという行為と座っているという状態を表すが，Emily was sitting on the edge of the bed. のように進行形のときは状態で，「座ろうとしていた」ではなく，「座っていた」になる。完了形と組み合わせると，I knew Rachel and her family were poor, because she had been wearing the same dress for nearly a year. (Caldwell, "The Dream")（私はレイチェルとその家族が貧しいことは知っていた。というのも彼女は同じ服をほとんど一年もの間着ていたから）のように，過去からずっと，継続して，の意になり，

完了形よりも強意になる。また I hope 〜 はその時の感情を表す言い方で、あまり進行形にはしないが、相手にお願いをする際は、I'm hoping you'll come to the party. とすると丁寧な響きが出てくる。進行形は一時的な気持ちであるから、相手が断りやすくなるためである。さらに I was hoping you would 〜 と過去形にすると、さっきまでは望んでいたが今は違うという含みが入るから、相手はさらに断りやすくなり、丁寧度が増す。I'm hoping (all the time) 〜 は前からそう思っているという継続の意でも使われ、これは強調になる。

　日本語の場合、動作を表す動詞は終止形のままだと未然になるから、「〜（し）ている」をつけて今の状態を表した。他動詞であれば行為の継続、自動詞であれば状態の継続を表した。人・生き物であれば、来ている、歩いている、食べている、眠っている、無生物であっても、動きがあれば、風が吹いている、川が流れている、草が育っている、などとなる。動きが強調されなければ「風がある」「川がある」となる。さらに物の状態のときも、ある動作が起こってその状態が継続しているのであれば、「（家が）建っている、（橋が）壊れている、（青空が）広がっている」のように言う。「いる」（原義は座る）は、「ある」が「家がある」「本が置いてある」のように物の存在を示すのに対して、「犬がいる」のように動くものに使う。だから「家が建っている」も、「家がある」と違い、存在よりは動作の継続状態を表している。英語では The house stands on the hill., The bridge is destroyed. のように、進行形では表現しない。その行為の完了した状態が継続しているからである（家が移動できる状態だったり、橋が解体中である場合は可）。一方、心情や感覚を表す動詞の場合は、思っている、望んでいる、見えている、とすると一時的な状態を表す。形容詞の場合は、おとなしくしている、

熱くなっている，のようになる。ただし「ずっと，いつも」のような副詞をつけると一時的な状態が引き延ばされて継続になる。

　歴史を見ると，日本語では「川流る」「家残る」のように，終止形で今の状態を表した。動作などの継続を表す「ている」「てある」（接続助詞「て」＋補助動詞）という言い方が生まれるのは中世・室町時代からである。上代にも「咲きてあり」のような形があったが，この「てあり」は「たり」と縮められ，助動詞として動作・状態の完了と継続の意を表すようになった。この「たり」は過去・完了の「た」に発展すると共に，継続のほうは新たにできた「ている」が担うことになる。英語の場合，古英語には現在形と過去形の二つしかなく，文脈に応じて，現在形で現在や未来を表し，あるいは，今で言う現在進行形や現在完了の意も表した。過去形では，過去・過去完了あるいは現在完了の意を表した。完了形は古英語の半ば頃に成立するが，進行形の成立はずっと遅く，中英語の終わり頃で，それも come, go, live, sit, speak などの特定の自動詞に限られており，広く一般化するのは近代英語も半ば，18世紀の末以降である。日本語も英語も，進行形（相当語句）の成立が共に遅いというのは示唆的である。文法概念として進行形は現在・過去の単純時制に含まれるものであり，歴史の進展に伴い，分析的態度の結果として生まれてきたものになる。それまでになかった表現形式であるから，その誕生は画期的であり，先に見たようにいろいろな意味合いを出すのに使われる。ちなみに，今日のヨーロッパの言語の中で進行形があるのは英語だけで，ほかの言語は動詞に「今」という副詞をつけて表す。たとえばドイツ語・フランス語では，笑っているは，笑うと区別されず，「男笑う」という古語のように Sie lacht / Elle rit となる。進行形がないためである。

　進行形の形は，「主語＋be 動詞＋補語」（She is pretty.）の形に

似ている。形容詞はそのままで今の状態を表すが，動詞の場合
は〜 ing とすることで今の状態を表すことになる。この構文では
be 動詞が主語と補語を結び，主語＝補語となるから，現在分詞は
形容詞になりうる（interesting, exciting, touching, trying, hor-
rifying などは形容詞化）。それはさらに動名詞にもなる。次の文の
walking は文中の働きがみな異なり，順番に現在分詞，形容詞，動
名詞となる。

(1)　Can you see the man who is walking on the road? That
　　　walking man is my father. He enjoys walking every day.
　　　（道を歩いている人が見えますか。あの歩いている人は私の父です。
　　　父は毎日散歩を楽しんでいます）

　英語には進行形にできない動詞がある。know, hear, dislike,
consist など，動作ではなく状態を表すもので，自分の意志ではど
うにもできないものになる（先に述べた日本語の第二のタイプに相
当する）。「真実を知りつつある」は，I'm knowing the truth. では
なく，I'm discovering the truth. のように動作を表す動詞を用いる。
「鳥の声を聞いている」も I'm hearing birds. ではなく，I'm listen-
ing to birds. になる。また自分の意志が働く動詞でも，The house
stands on the hill. のように物が主語になる場合も進行形は作れな
い。物に意志はないからである。しかし進行形ではなく，現在分詞
としては形容詞（句）として名詞を修飾できるし，分詞構文として
も使うことができる。動詞の意味ではなく，文法機能の点でそれが
可能になる。

(2)　a.　The only person knowing the truth is his sister.
　　　　　（真実を知る唯一の人物は彼の妹だ）

    b.   James, not knowing what to do, came to me for help.

       （ジェイムズはどうしていいか分からず，助けを求めに来た）

　(2b) の文は，関係代名詞を用いれば，James, who did not know ～ となって，James, who was not knowing ～ とはならない。

　文法的には，主語や目的語，あるいは補語となるのは動名詞である。現在分詞と動名詞は同じ形を取るが，もともとは別であった。-ing は本来は動詞を名詞化するときの語尾で，進行形は -ende という語尾で表した（ただし使用はまれ）。動名詞を使って進行形を表すときは He is on walking. という形で，従事・過程を表す前置詞 on の目的語として使った。しかし歴史の流れの中で on が弱音化して a- に変わり（a-walking），ついには消失するとともに，-ende と -ing の発音上の混同が起こり，-ende は消えて ～ing に取って代わられた経緯がある（ただし go a-fishing のような言い方は方言としては残る）。

3.　完了形

　英語は日本語と比べると，話し手の主観を排したきわめて客観的な言語である。その客観性において，完了形ほど英語らしいものはない。たとえば現在完了形は，「have＋過去分詞」の形を取り，過去と現在との係わり合いを表現しようとする。過去は過去形を用いて過去の一点を表し，現在は現在形で今の一点を表す。それに対し現在完了形はその二点の関係を表すことになる。have の原義は「持つ」で，その現在形だから，「『～したという状態』を持っている」→「今も～している」の意になる。

　(1)　We have caught the thief.

　（泥棒は捕まえた）

　これは，caught が過去分詞，have が現在形だから，過去におい
て泥棒を捕まえ，その状態が今も続いていることを表す。これが基
本的イメージだが，あいまいなため，副詞によって意味を限定す
る。just, already などをつけ，We have just caught the thief. と
すると完了で，「泥棒を捕まえたところだ」，before, never, ever,
once などをつけ，We have caught the thief before. とすると経験
で，「前に泥棒を捕まえたことがある」，for years, since yester-
day, all the time などをつけ，We have caught the thief for three
days. とすると継続で，「3日間泥棒を捕まえている」になる（最後
の文は文脈によっては経験の意にもなる）。ただ過去の事実を述べ
るときは単純過去形で We caught the thief for three days. となる。

　（2）　I have been busy.
　　　（わたしはずっと忙しい）（忙しくしている）

　be 動詞の例で，忙しい状態が過去から今までずっと続く状態を
表す。やはり副詞によって意味を限定し，always, recently, since
last week をつけると継続，before や never とすると経験の意にな
る。日本語では「忙しい」だけでは形容詞にすぎず，継続の意味は
「ずっと」という副詞で表現される。「している」とすると継続の意
が出てくるが，必須ではない。だからやはり，英語のような完了形
の定式表現はないことになる。この「している」は動作が今進行し
ている場合に使ったが，完了した状態が続く場合にも使われる。
「今，検査を受けている」は進行中，「もう検査は受けている」は完
了で，「受けてしまっている」とするとその意味が強くなる。進行
中か完了かを決めるのは「今」「もう」という副詞であり，「ずっと

検査を受けている」とすると継続，「若い頃に検査を受けている」とすれば経験になる。

　「ずっと好きでした」になると，あいまいになる。「でした」とあるから，過去と捉えれば過去完了の意で，前はずっと好きだったけれど，もう今は好きではないということになる。英語では I (had) loved you all along. になる。だが，「でした」を完了と捉えれば，今度は現在完了の意になり，前からずっと好きで，今も変わらず好きであることを表す。英語では I have loved you all along. になる。英語の場合，前後関係を見なくても，その文自体を見れば継続の意味が明示されているが，日本語の場合は，文自体はあいまいで，前後関係で限定されて初めて明確な意味を持つ。だから，いきなり「ずっと好きでした」と告白されても，はたして今はどういう気持ちでいるのか分からず，返答に窮してしまうことになる。

　過去分詞とはもともと動詞を形容詞化したもので，We have caught the thief. という文だと，元は We have the thief caught. という形だった。これは「主語＋動詞＋目的語＋補語」の形であり，「泥棒を（泥棒が）捕まえられた状態で持つ」意になる。その後，caught が前に出，目的語を従えることで受身から能動の意に変わり，have が動詞から助動詞に後退して，今の形になった。文の形を「主語＋動詞＋目的語」に統一しようとする流れが強かったためである。古い形は現代英語では使役構文として残り，I have my car repaired. は「車を修理してもらう」の意になる（have は動詞）。しかし古い形の用法も時おり見かける。Jelka had the dishes washed and put away. (Steinbeck, "The Murder") は，その場面に Jelka 一人しかいない状況であれば，「人に〜させた」ではなく，自分でした，つまり Jelka had washed the dishes and put them away. の意になる。アクセントは使役であれば had に来るが，完了なの

で washed に置かれる。I've got my mind made up to go. も同様
で，I've made up my mind to go. と同じ意になる。They carried
staves covered with rolls of canvas and they had big tool-bags
slung on their backs. (Mansfield, "The Garden-Party")（彼らはズック
布をぐるぐる巻きつけた棒ぐいを持ち，大きな道具袋を背にかけていた）
という文では，carried が過去形だから had もそう理解し，slung
という状態で tool-bags を持つ意になる。

　自動詞のうち，移動を表す go, come, arrive, move, become,
grow, fall, run といった動詞，あるいは静止状態を表す sit, lie,
stand などの動詞の完了形は，古くは be 動詞を用い，He is gone.
のように言った。彼は出かけた状態に「いる」という発想だが，お
そらく受身と紛らわしいということから has gone に統一された。
しかし He is gone. のような言い方は古風な表現として今も残って
おり，All, all are gone, the old familiar faces.（みんなみんな消え
てしまった，昔なつかしい顔はみな）というと Charles Lamb の有
名な詩のリフレインになる。finish についても，I'm not finished
with the job. などと言う。これは受身でなく自動詞の完了形で，I
have not finished と同じ意味になる。I am done with you.（お前と
は手を切った），She is grown up.（彼女は大人になった）も同様であ
る。be 動詞の後の finished や done は文法的には形容詞になる。
現在分詞は形容詞としても使えた。過去分詞も，もともとが動詞の
形容詞化したものだから，形容詞としても使え，a broken window
のようになる。

　完了形は，形は「have＋過去分詞」というただ一つの形しかない
が，その意味は日本語では三つに分けられる。完了・結果，経験，
継続である。We have caught the thief. の例で見たように，そのど
の意味になるかはその文につけられる副詞で決まる。そうでない場

122

合は前後関係で限定されて意味が分かる。英語の一つの表現に日本語の一つの意味が対応するのであれば理解しやすいが，このように文によって訳を使い分けなければいけないところに難しさが生じる。それは life の訳として，命，人生，生活と訳し分けなければいけないのと似ている。あるいは分詞構文が，形は分詞一つだけだが，訳の際はいろいろな接続詞を使い分けなければいけないことと似ている。完了形は時間軸における二つの点（現在完了なら今と過去の二点）の係わり合いを表すが，それをどう捉えるかで訳し方が変わってくる。英語は一種の図，イメージとして捉えるのに対し，日本語は言葉として表すためである。

　現在完了形と過去形は，日本人にとっては重なって見えるが，大きな違いは，過去形は現在の情報をまったく含まないということである。

(3) a. My mother has gone out, quarreling with my father.

　　 b. My mother went out, quarreling with my father.

　(3a) においては，過去において母が外に出（gone out），その状態が今も続いている（has）ということが分かるが，(3b) では過去において出て行った（went out）ということが分かるだけで，今どうなっているのかは分からない。もう戻ってきたかもしれないし，まだ戻ってきてないかもしれない。どちらかと言えば，まだ戻ってきてはおらず，家にはいない可能性のほうが高い。My mother went out, and is still gone. とか My mother went out, but is now at home. とすれば，はっきりする。

(4) a. He has been a hero, respected by many people.

　　 b. He was a hero, respected by many people.

この違いは，（4a）は現在も英雄だが，（4b）は過去において英雄
だった，だから今はもう失墜して英雄ではない，あるいはもう死ん
でいて生前は英雄だったという意味になる。「長野出身です」とい
う時の He comes from Nagano. も，came と過去形にすると，こ
の人物はもう故人で，生前は長野出身だったということになる（出
身の意味でなければただの経路を表す）。

(5) The Headmaster has telephoned your mother and she's
coming to fetch you this afternoon. (Dahl, *Boy*)
（校長先生がお母さんに電話をしたから，午後にはあなたを迎えに
来るでしょう）

この文の場合，電話自体はしばらく前に終了している。しかし電
話の結果，お母さんが迎えに来ることになったから，電話の影響は
まだ続いている。その感覚が has telephoned という完了形になる。
もし単純過去形にした場合は，その行為も影響もすべて終わってお
り，今とは何の係わりもない昔のこととして見られることになる。

アメリカ英語の場合，My mother just went out. のように，直前
のことは完了形を使わずに過去形を使う傾向がある。過去形で現在
完了あるいは過去完了を表すというのは初期近代英語の特徴でもあ
るが，その頃アメリカに移住したイギリス人はその用法で使い続
け，それが今日にも及んでいるのであろう。

このような時間感覚は，今か昔かという二分法で考える日本人に
は理解の難しい側面がある。たとえば「祭りが終わった」というと，
「た」だから過去形として表現しがちだが，英語には二通りの言い
方がある。

124

(6) a. The festival is over.

  b. The festival was over.

　日本人は「た」に引かれて (6b) のように書きがちだが，(6a) は，祭りが終わった直後で，まだその余韻や影響が残っている場合，(6b) は過去の一点で，完全に断絶し，今とはつながらない状態を指す。だから (6a) なら now，(6b) なら three days ago のような副詞をつけられる。「疲れた」(I am tired) という場合と同様である。am は現在形だから今疲れている，しかし I was tired だと，それは過去のことだから今はもう元気になっている。同じように，「彼は死んだ」は He is dead. で，He was dead. ではない。前者は，今死んだ状態でいるということ，後者は過去において死んだ状態だったということで，今は生き返った可能性がある。日本語では「死んで・いる」は今の状態を述べる場合に使うから，He has been dead for ten years. という表現は奇異に感じられる。最後の審判ですべての人間が死の眠りから起こされるというキリスト教の復活思想があるのであろうが，日本語としては，「10 年間死んでいる」とは訳せず，「死んで 10 年になる」としないと意味をなさない（英語では He died just ten years ago./It is just ten years since he died.)。

　このように日本語は主観的，英語は客観的な捉え方をするが，古語に目を向けても，日本語の場合は，やはり過去形とか未来形というものは英語のような客観的な形では存在しなかった。過ぎたものをどう捉えるかで助動詞に細かい区別があり，完了では「つ・ぬ・たり・り」，過去では「き・けり」があった。「たり」(「父，来たり」) は元の形は「〜て・あり」であり，そういう状態になって今ここにあるという今を中心にした捉え方になる。「り」(「花咲けり」)

は「あり」の「あ」が省かれたもので，「たり」と同様，完了や継続を表す。共に，現代語では「～（し）ている」に相当しよう（「食べている」は継続，「終わっている」は完了）。「つ」（「ひとり暮らしつ」）は「棄つ」が語源で，捨てる意から「～してしまった」の意になり，人為的・意志的な行為を表す他動詞につき，「ぬ」（「日も暮れぬ」）は「往ぬ」（去るの意）が語源で，「そうなってしまった」の意になり，自然に起こる作用を表す自動詞につく。共に完了のみで継続の意味はない。

　一方「き・けり」は過去を表す助動詞である。過去といっても，過去を客観的に述べるものではなく，今から昔を思い起こす場合に使われ，回想の助動詞とも呼ばれる。「き」（「みな人子供なかりき」）は直接に経験した過去の出来事，「けり」（「男ありけり」）は間接的に知った過去の出来事，あるいは新しいことに気づいたときの驚きを表すから，英語にすれば，「き」は「I remember（that）＋過去の文」，「けり」は「I hear（find）（that）＋過去の文」という形になる。特に発見の「けり」は驚きを伴うから和歌でよく使われる（「人もなき空しき家は草枕旅にまさりて苦しかりけり」（万葉集））。日本語では中心にいるのは語り手であり，そこから過去がいつも主観的に捉えられる。語源的には，「き」は「来」が考えられ，来たこと，「けり」は「き・あり」（来有り）で，向こうからこちらにやって来ている状態を表す。つまり過去とは，こちらから意識を向かわせて捉える対象ではなく，むしろ向こうからこちらへやって来るもの，そして語り手の心の中に浮かび上がるものという発想になろうか。この回想の助動詞はよく完了の助動詞とくっついて使われる。たとえば「垣間見てけり」（のぞき見てしまった）は，「垣間見」（上一段連用形）＋「て」（助動詞「つ」の連用形）＋「けり」（助動詞「けり」の終止形）という形になる。「待ちゐたりけり」（待っていたの

だった) は「たり」+「けり」で，これは今の「待っていたっけ」の
「たっけ」になる（「け」は「けり」から発展した終助詞）。また過去
推量として「けむ」（「たれか言いけむ」）があり，これは「き＋む」
の組み合わせで，「き」は回想の助動詞，「む」は推量の助動詞にな
る。

　一方，未来については，未来形として使われる今日の「だろう」
の「う」は，推量の助動詞「む」から来たもので，英語にすれば，「I
guess（that）＋未来の文」という形になる。だから，過去と同様，
語り手が，離れてあるものを主観的に眺め，それを聞き手に語って
いることになる。

　日本語の変化で注目すべきことは，上に述べた完了や過去を表す
古代の助動詞がほとんど消えてしまったことである。それぞれの語
には使い分けがあったが，中世にはだんだんに区別を失って「たり」
に吸収されていき，近世以降は「たり」から派生した「た」が残る
だけとなった（連体形「たる」の語尾脱落）。しかも「た」の一語で
完了と過去の両方の意味を兼ねており，時代と共に大幅に単純化さ
れていった。ただしその埋め合わせとして，「〜てしまう」「〜てし
まった」「〜ている」「〜たそうだ」といった補助的な表現が発達す
ることになる。

　一方，英語は，古英語の時代には現在形と過去形しかなく，未来
を表すのに現在形を使っていたし，また過去が過去完了を兼ねてい
た。will や shall という未来を表す助動詞も，古英語の時代は願望
や義務を表す動詞として使われており，それが中英語で転用されて
今の形になった。だから日本語とは逆に，時代と共に時間の意識が
強くなり，細かく区分されていったことになる。今日，英語は時間
を過去・現在・未来という三つの相に分け，その時間軸上に出来事
を置いて，過去なら過去形，現在なら現在形，未来なら未来形，現

在と過去をつなぐなら現在完了形というように，それ固有の表現形式を使って，客観的に捉えようとする。それに対し日本語は，過去・現在・未来に係わりなく，どの時間上の出来事も，完了の「た」と用言の終止形（つまり「来た」と「来る」）を使って自由に表現する。どの表現を使うかは，客観的に決まるのではなく，語り手の感情によって決められる。したがって，英語は時間的，客観的に発達していったのに対し，日本語は空間的，主観的に発達していったことになる。

　ほかの言語との比較も興味深い。同じゲルマン語派のドイツ語にも過去形や現在完了形はあるものの，使い方が異なる。過去を述べる際，会話，手紙，報告書といった日常生活に係わるものは，過去形ではなく，もっぱら現在との係わりを示す現在完了形が使われる。過去形は物語や小説や歴史などを叙述する際の文章語になり，過去の出来事を現在とは完全に切り離されたものとして客観的に表現する。これはフランス語，イタリア語，スペイン語などのロマンス語でも同様である。また完了形「助動詞＋過去分詞」を作る際に，英語はかつては助動詞として be と have があり，be が廃れて have に統一されたが，ドイツ語やフランス語では今でもこの二つの区別がしっかりと維持されており，場所の移動や状態の変化を表す自動詞には，be に相当する sein や être を用い，他動詞や移動以外の自動詞には have に相当する haven や avoir を用いる。だから英語と比べると，語順と同様，どちらも伝統を維持しようとする保守的な言語になる。ドイツ語の場合，この助動詞は，南ドイツやオーストリアでは sein，北・中部ドイツでは haven が支配的であるという。南では「あること」，北では，英語や北欧語も含め，「持つこと」に執着する心理があるようである（日本語でいえば「なる」と「する」の区別に相当しようか）。一方，中国語は日本語と同様，

128

過去・現在・未来という時制ではなく，動作の完了や継続などの相で区別し，完了は「了」，経験は「过」，持続は「着」といった助詞をつけて表している。

4. 時制の一致と話法

英語にあり，日本語にないものとして，時制の一致というものがある。主節の動詞が現在形のときは従属節の時制は自由だが，主節が過去形になると，従属節もそれに応じて変化し，現在形は過去形，過去形は過去完了形になるというものである。たとえば I think he is wrong to say that they came too late. だと，I thought he was wrong to say that they had come too late.（彼らの来るのが遅すぎと言うなんて，彼は間違っていると思った）に変わる。文全体が過去に投げ込まれ，ことごとくその支配を受ける形である（ただしドイツ語では従属節には接続法の動詞が使われるので，時制の一致というものはない。フランス語の場合はある）。日本語の場合，「彼は間違っていたと思った」とは言わない。そういう言い方をする場合は，そう思った時からさらに過去にさかのぼった時点でのことを言っていることになる（たとえば「三年前の彼の決断は間違っていたと思った」）。先の過去形の文は "He is wrong to say that they came too late," I said to myself. と書き直せるが，英語では引用符をはずすと，その中の文はその外を支配する時間の影響を受けて過去形に変わってしまう。しかし日本語では，「彼は間違っていると思った」のように，その部分は独立し，時間の支配を受けない。次も同様の例になる。

(1)　I watched TV before I slept.
　　（わたしは寝る前にテレビを見た）

　英語を直訳すれば，「わたしは寝た前にテレビを見た」となるが，こういう言い方はしない。「前」という語が「〜する（前）」という未完了の言い方を要求するからである。だから過去のことであっても，その部分は何の影響も受けない。それは「後」という語が「〜した（後）」という完了の言い方を要求するのと同じである。だから未来のことであっても，「仕事を終えた後で飲みにいく予定」といった言い方になる。「東京に着いたら電話して」とか，「もし明日雨が降ったら行かないよ」という言い方も同じである。「とき」については，「入るとき，検査を受けた」とすると入る前，「入ったとき，検査を受けた」とすると入った後になる。

　時制の一致を受けるのは接続詞で接続された従属節の動詞で，to 不定詞に直接続く動詞は to に保護されてその影響を受けない。同様に知覚動詞や使役動詞が支配する動詞もその影響を受けない。たとえば I see him stumble. では，see が過去形になっても，stumble は何の変化も受けない。この構文は古英語からあるが，stumble は不定詞で，現代英語の動名詞のように名詞の働きと動詞の働きを持つ。だから動名詞が時制の影響を受けないように，stumble もその影響を受けないことになる。この文を受身にすると He is seen to stumble. となり，to が浮かび上がってくるが，これは古英語では前置詞だったものになる（前置詞の後は名詞）。

　英語の小説では，物語の現在は過去形で語られるから，その現在よりも前の出来事は過去完了形で述べられる。たとえば I turned to the man anxiously. He had stopped walking. という文だと，その過去完了形は，turned との時間のズレを表すから，わたしが振

130

り向いたときはもう相手は歩く行為をやめていたということを表している。もしこれが He stopped walking. という過去形であった場合は，わたしが振り向いたときに歩くのをやめることになる。次の例では，接続詞でつながれた二つの文はいずれも時間のズレを表している。

(2) a. As soon as Mother had gone, Father asked me for money.
   （母が去るや，父はお金を無心した）

   b. I had gone only a few steps when I saw the girl standing in a dark doorway.　　(Caldwell, "Girl on the Road")
   （ほんの 2，3 歩歩いたところで，暗い戸口にあの少女が立っているのを見た）

   c. Before I could say anything to her about it [the money], she had left and was running down the dark street.
   　　　　　　　　　　　　　　　　　　　　　　　(ibid.)
   （少女にそのことで何か言おうとしたら，もう彼女は立ち去っていて，暗い通りを走っていた）

   d. The mid-afternoon was even hotter than it had been at twelve o'clock.　　(Caldwell, "The Strawberry Season")
   （午後の半ばは正午よりもさらに暑くなっていた）

   e. Throw them [the envelopes] away when you've finished.　　　　　　　　　　　　　　　(John Wain, "Mort")
   （用が済んだら捨ててくれ）

   f. After she'd had her milk, I said, "We'll go shopping now, Chris."　　　　　　　　(Timperley, "Harry")
   （クリスが牛乳を飲んでしまうと，私は「買い物に行こう」と

言った）

　after や before の場合，時間の前後関係は明白なので，after 節
内の過去完了形，before が掛かる主節の過去完了形はしばしば単
純過去形で表現される。完了形を明示することは「〜してしまう」
という意を強調することになる。

　一貫して過去形で語られる文章の中に突然，現在形の文が出てく
ることがある。この場合は，時間がたっても変化することのないも
のということで，一般的な真理や真実，変わることのない習慣や常
識などを表している。これは日本語の場合も同じである。

(3)　The teacher told us that the sun rises in the east.
　　　（太陽は東から昇ると先生は言った）

　一般的な真実を語る際に，もし過去形を使った場合は，その主張
が過去のことになり，今はもうそうなってはいないことを表す。上
の文だと，太陽が東から昇っていたのは過去のことで，今はもうそ
ういう事実はないことを言っていることになる。ただしこれは語り
手がその事実を不変なものとはっきり判断している場合であり，そ
ういう意識がなければ，不変な事柄も自動的に時制の一致を受けて
過去形になる。しかし小説などではこの発想はかなりきちんと守ら
れている。

(4)　a.　I knew, of course, that Westerners shake hands when
　　　　　meeting.
　　　　　（もちろん，西欧人が会うと握手することは知っていた）
　　b.　[A]s wrestling is not my specialty, I was oblized to
　　　　　follow him.　　　　　（Forster, "The Other Side of the Hedge"）
　　　　　（格闘は得意ではなかったので，彼の後についていかざるを得

132

なかった）

c. People were attracted to him as bees are attracted to cosmos or dahlia stalks.

(R. K. Narayan, "An Astrologer's Day")

（蜂がコスモスやダリアに引かれるように，人々は彼に引きつけられた）

d. He was perhaps reaching the age at which independence becomes valuable, because it is so soon to be lost.　　　(E. M. Forster, "The Road from Colonus")

（彼は，独立というものが，すぐに失われるゆえに価値を持つ年齢に達しようとしていた）

現在形が不変の事柄ではない場合もある。

(5)　"I've got to go back and take her into town," Laura said, pouting just a little. "I forgot that she wants me to drive her some place this afternoon."　　(Caldwell, "The Visitor")

（「私，戻ってあの子を町に連れて行かなくちゃ」ローラは口を少しとがらせて言った。「あの子，午後，ある場所まで車で送ってほしいって言ってたのよ。忘れちゃった」）

　二番目の文は主節の動詞 forgot は過去形なのに従属節の動詞 wants は現在形である。これは話している時点ではまだその状況が継続中であることを示している。

　時制の一致を受けないものとして仮定法もある。仮定法過去の場合，I wish I were with you. のようにそもそも動詞の時制が違っている。仮定法は直説法からは独立した別個の表現体系であるから，直説法が現在形から過去形に変わってもその変化は受けない。

だから I wish I were with you. の過去形は I wished I were with you. であり，もし I wished I had been with you. とすると，それは I wish I had been with you. を過去形にしたことになる。

　また小説では抽出話法（represented speech）というものがある。直接話法（She said to me, "I am happy."）と間接話法（She told me that she was happy.）の中間の形になる。

(6)　Oh, how extraordinarily nice working men were, she thought. Why couldn't she have working men for friends rather than the silly boys she danced with and who came to Sunday night supper? She would get on much better with men like these.　　　(Mansfield, "The Garden-Party")

　　（まあ，職人って，なんてすばらしくいい人たちなんだろう，と彼女は思った。彼女のダンスの相手になり，日曜日の夕食にやってくる馬鹿な男の子たちなんかよりも，こういう職人たちをどうして友だちにできないんだろう？　こういう人たちだったら，もっと面白くつき合っていけるだろうに）　　　（安藤一郎訳）

　一つ目の文は間接話法で，直接話法にすると，"Oh, how extraordinarily nice working men are," she said to herself. となる。しかし二つ目の文からは，She thought がなく，すべて過去形で，主語は she であるから，こういう変換に慣れない日本人は，これらの文は登場人物が考えているのではなく，作者が外側から客観的に登場人物を描写しているというふうに誤解してしまう。しかし実際は主人公が心の中で思っていることになる。この二番目の文の主語は日本語では「私は」とするところだが，日本式に主語を I とすると，今度は主人公ではなく，作者が「私」と名乗って自分の意見を述べているように読めてしまう。この小説ではさらに，地の文

で，引用符もつけず，何の変換もしないまま，I'll just leave the basket and go, she decided. I shan't even wait for it to be emptied.（ただバスケットをおいて，すぐ行こう，と彼女は決心した。バスケットの中身をあけるまで，待つのもよそう）という文も出てくる。主人公の思いが，距離を置かず，読者の目の前に直接出てくる効果があり，物語の迫真性を強めている。

　小説では直接話法と間接話法を自由に交じらせることもある。

(7)　She asked me was I going to *Araby*. I forgot whether I answered yes or no. It would be a splendid bazaar, she said; she would love to go.　　　　　　　　(Joyce, "Araby")

（「アラビー」（バザーの名）へ行くの，と彼女はたずねた。ええと答えたのか，いいえと答えたのか，ぼくは忘れた。素晴らしいバザーでしょうね，と彼女は言った。行きたいわ）　　　(戸田基訳)

本来であれば She asked me if I was going to *Araby*. とか，She asked me, "Are you going to *Araby*?" となるべきところである。さらにややこしい変換もある。

(8)　The gentleman was afraid he did not know what could be done for her: Did she wish to leave her husband? She answered quickly: "I couldn't stay with him now, of course."　　　　　　　　(Galsworthy, "Once More")

（残念ながら，あなたに何をしてあげられるのか，私には分かりません。旦那さんと別れたいのですか。そう紳士が言うと，女はすぐに答えた。もちろんもう夫とは一緒に暮らせません）

これを直接話法に直すと，The gentleman said, "I am afraid I do not know what can be done for you. Do you wish to leave your husband?" となる。次の文も慣れないと手に負えない。

(9)　She is always too tired to go out after the day of work, so they stay home at night.　He stays in too much. She mentions it to him.　Does she want to go out?　He misunderstands.　She meant that he should go out during the day. He does; he shops for food every day.

（Ann Beattie, "The Parking Lot"）

（彼女はいつもあまりにも疲れていたので，昼間働いた後は外出ができなかった。だから彼らは夜は家にとどまった。彼はあまりにも家の中にいすぎた。彼女はそれを彼に告げた。君は外出しちのか？　あなたは誤解しているわ。言いたかったことは，昼間は外に出るべきということなの。出てるよ。毎日，食糧の買出しに行くんだ）

　四つ目の文からが抽出話法で，直接話法にすれば，"Do you want to go out?" "You misunderstand. I meant you should go out during the day." "I do; I shop for food every day." となる。

　日本語は，「一郎はぼくがすると言った」のように言いたいことをそのまま引用する。英語のように「一郎は彼がすると言った」とすると，「彼」は一郎ではない誰かになってしまう。日本語にはもともと間接話法はなく，人の言葉の引用は本文に直接差し挟んだ。

(10)　小僧あり。小夜ふけて。長棹をもち。庭をあなたこなた振りまはる。坊主是を見つけ。それは何事をするぞと問ふ。空の星がほしさに。かち落とさんとすれども。落ちぬと言へば。さてさて鈍なるやつや。それ程さくがなふてなる物か。そこからは棹がどどくまい。屋根へあがれと言はれた

> お弟子はさも候へ。師匠の指南有がたし
> 星ひとつ見つけたる夜^よのうれしさは月にもまさる五月雨の
> そら
> （仮名草子『醒睡笑』）

　今であれば引用符（かぎ括弧）や段落がつくところである（文中の「。」は句点ではなく，読む際の間を置く箇所を示す）。西欧ではすでに古代ラテン語に直接話法と間接話法の区別があり，その転換に際しては法（不定法や接続法）や代名詞を変えた。英語では小説の誕生する 18 世紀頃から引用符もよく使われるようになった。日本語には明治に西欧の句読法が導入され，引用符や段落を積極的に使うようになるが，それでも古い形も残る。

(11) a. 　朝冷^{あさすず}はいつしか過ぎて日かげの暑くなるに，正太さん又晩によ，私の寮へも遊びにお出でな，燈籠^{とうろう}ながして，お魚追ひましよ，池の橋が直つたれば怖^{こわ}い事は無いと言ひ捨てに立出る美登利の姿，正太うれしげに見送つて美くしと思ひぬ。
（樋口一葉『たけくらべ』）

　　b. 　一緒にやすみながらそのひとは，自分より二つ年上であること，故郷は広島，あたしには主人があるのよ，広島で床屋さんをしていたの，昨年の暮，一緒に東京へ家出して逃げて来たのだけれども，主人は，東京で，まともな仕事をせずそのうちに詐欺罪に問われ，刑務所にいるのよ … などと物語るのでした …
（太宰治『人間失格』）

　作品全体を通し，(11a) の作品では引用符は一つも使われておらず，(11b) の作品では頻繁に使われている。しかしそう重要でなかったり二次的なセリフであれば，引用符で独立させず，地の文に溶けこませることになる。いずれにしても日本語は相手の言った言

葉をそのまま引用するが，それは聞こえてくる音声を観念化せず，擬音語としてそのまま使うことにも通じる。それに対し，英語は生のままではなく，それに手を入れ，客観的な時間に合致させようとする。それは対象を支配し，制御しようとする西欧的な意志の働きになろう。

5.　時間と文化

　西欧の発想の土台は牧畜文化にある。家畜の飼育には豊かな牧草地が必要で，ある土地に落ち着いても，その土地が不毛になれば，その土地を離れ，新しい土地を求めて移動することが求められる。それが生きるために必要なことであった。ヨーロッパは広大な大陸であるから，まだ国の境界線が厳しく定められていない時代には，新しい天地を求めていくらでも自由に移動することができた。この移動においては，昨日いた場所と今日いる場所は違い，また今いる場所は明日いる場所とも違う。この変化が，人に時間の推移を強く意識させることになる。その結果，時間は外から客観的に眺められ，過去，現在，未来と分かれて，互いに異なるものになる。

　この時間観念を反映するものはキリスト教の歴史観である。人類の歴史の出発点は，アダムとイブの楽園喪失である。それが絶対的過去であり，人類はエデンから追放されて，時間の流れの中を進む旅人になる。その旅，あるいは歴史は，最後の審判で終わる。その時，キリストが地上に再臨し，人類すべてに審判を下して歴史は終わる。これが絶対的未来になる。そして人類とは，その絶対的過去から絶対的未来に向けて進む旅人である。現在とは，過去と未来にはさまれた今のことであり，人間とは，現在完了形，未来完了形で表現されうる存在となる。

　一方，日本人の発想の土台は稲作文化にある。人は土地から土地への移動ではなく，一つの土地にしっかりと根づき，そこで，毎年毎年，水の管理，田植えや稲刈りなど，村の人たちと協力しながら米を作り続けてきた。稲作が共同作業を必要とするのに加え，日本は山の多い島国で平地が少ないため，移動の自由はほとんどなかった。この生活様式においては，昨日も今日もまた明日も，いる場所は同じ，することも同じである。この発想が時間の観念に反映する。過去，現在，未来は明確に区別されず，漠然と今と昔が区別された。未来は今の延長上にあり，今と別個の未来というものはなかった。もし西欧の時間を直進する時間と呼ぶなら，稲作民族の時間は循環する時間であり，同じ土地で，とこしえに四季が繰り返されることになる。

　この時間観念を反映するものは，『古事記』『日本書紀』に記された神道の歴史観である。過去とは神々の時代である。そして神の子が地上に降臨し，天皇の世になると，それは「千代に八千代に」続いていき，聖書のような絶対的な終わりを持たない。あるものは今と昔であり，過去は現在に連なり，現在はそのまま未来に連なっていくというのが日本人の時間の観念になる。

　したがって，日本人の意識は歴史というより自然，時間というより空間に傾く。米作りは半年で完結するものであり，過去がどうであろうと，それとは係わりなく，春になればすべてがゼロからスタートする。重要なのは米作りが今どういう状態にあるかで，始まりか途中か終わりかに意識が向けられる。今，目の前にある物事の側面だけがすべてであり，一度済んだことはもう振り返らない。米作りそのものがそういう発想を人間の心に植え付けてくるのである。そしてこの意識が，過去・現在・未来ではなく，物事の完了・状態・未然の意識となって言語に反映することになる。

　それに対し，牧畜文化では，家畜の育成は米作りのように半年で完結するものではなく，毎年毎年，同じ形で繰り返されるものでもない。牧畜は途切れることなく続いていくものであり，旅の途中で家畜が増えることもあれば減ることもある。人はその変化を意識して，よりよい方向へ向かおうとする。それは人間がみずからの意志で作り出す道であり，そのあり方が，稲作文化とは逆に，自然よりも歴史，空間よりも時間に意識を傾かせることになる。英語で未来を表す助動詞 will は，もともとは wish の意の動詞であったが，それは行く先に目を向け，望みを実現していこうとする意志の表れに他なるまい（同じく未来を表す助動詞 shall は「義務を負う」意の動詞だったが，今は will が優勢。ドイツ語では become の意の werden で未来を表す）。

第5章　受　身

1.　受身概念の違い

　英語にも日本語にも受身の表現はあり，それゆえ，意味はまったく同じと思ってしまう。しかし日本は和の文化で，人を見て話すことが基本であり，言葉は話し手の感情を映して色づけされる。一方，西欧は個の文化で，物を見て話すことが基本であり，自分の言いたいことを客観的に言い表そうとする。この根本的な精神の違いから，受身表現もまったく異なる意味を持つ。すなわち，日本語の「れる・られる」は，人を主語にしてきわめて主観的な意味を持ち，「やられた」「たたかれた」「追い越された」のように被害や迷惑を受けたり，「愛された」「褒められた」のように恩恵を受けたときの気持ちを言い表す表現になる（「〜してもらう」とすると恩恵の意が明確になる）。英語の受身はそうした主観的な意味合いはいっさい持たず，目的語，すなわち行為を受ける対象に焦点を当て，それを主語の位置に移して，状況を客観的に言い表す表現になる。だから「誰が何をしたか」ではなく，「何（誰）がどうなったか」が焦点になる。

　たとえば「父にしかられた」という言い方は,「父がわたしをしかった」という言い方と比べると, ただ事実を述べているのではなく, 父にしかられて悲しかった, つらかった, あるいはひどい目にあってしまったという気持ちを表現している。しかし I was scolded by my father. という表現には, そのような意味合いはなく, あくまで My father scolded me. という文の目的語に焦点を当て, それを主語の位置において表現し直す場合の文である。だから自分の状況を外から客観的に見ていることになる。焦点が当てられなければ, You amaze me. とか She rejected him. という「主語＋動詞＋目的語」の形が基本になる。She replied … that it would always be a treasured possession. (Virginia Woolf, "The Legacy") は贈り物をもらったときの返答だが, この返事を直訳すると「それ (贈り物) はずっと大切にされる所有物になるでしょう」という何ともおかしな文になる。ここで she は贈り物を自分との係わりで見ているのではなく, 自分から切り離し, 独立したものとして見ている。日本語であれば, 自分との係わりの観点から,「ずっと大切にしますわ」(I will always treasure it.) とするところである。

　受身の「be＋過去分詞」の形は,「主語＋動詞＋目的語」を基本とする会話文では少なく, 形式ばった文章語として, 学術論文など, 堅い内容の文章でよく使われる。たとえば, 次の二つの文を見てみよう。

(1) a.　I performed the experiments on animals.
　　　　(わたしは動物に実験を行った)

　　 b.　The experiments were performed on animals.
　　　　(動物に実験が行われた)

二文とも言っていることは同じだが, 最初の文は I が主語なの

142

に対し，二番目の文にはIがない。行為者が消えることによって行為だけが浮き立ち，ただ事実を述べるだけの客観的な響きが出てくる。日本語でも，「わたしは動物に実験を行った」より，「動物に実験が行われた」としたほうが客観的に響く。It is thought that ～ とか，It is predicted that ～ といった文も，「by＋行為者」を消すことで客観的な言い回しになる。

　日本語の受身は人を主語にした主観的表現で，「実験が行われた」のように事物を主語にするのは新しい言い方になるが，しかし古語にそういう表現がないわけではなく，「箏の琴かき鳴らされたる，横笛の吹き澄まされたるは ……」（『更級日記』）は物を主語にした受身形である。しかしこのような例は少なく，さかんに使われるようになったのは，やはり明治以降の西欧語の影響による。とりわけ「～は～によって～される」という文は翻訳調になる。本来の日本語らしい言い方をかっこ内に示す。

(2) a. 「会議が開かれ，三つの議題が審議された」（会議を開き，三つの議題を審議した）

　　 b. 「山が霧に包まれ，帰り道が見失われた」（山に霧が出て（山が霧に隠れて）帰り道を見失った）（古今和歌集に「春は霞にたなびかれ」という自動詞の受身形がある）

　　 c. 「秘密裏に立てられた作戦は軍の特殊部隊によって遂行された」（秘密裏に立てた作戦は軍の特殊部隊が遂行した）

　日本語では，本来は受身の概念だが，被害意識がなければ能動態で言う。「歯を抜いた」「胃の手術をした（お腹を切った）」「足の骨を折った」「頭にたんこぶをこしらえた」など，文字どおりには自分の意志でそうしたように聞こえる。感情を交えず，事実だけを述

べる言い方になる。したがって，同じ状況でも，「病院で注射した」「病院で注射してもらった」「病院で注射された」のように言え，それぞれ事実，恩恵，被害の意味を表している。「きのう（床屋で）髪を切った」も被害の意識が出ると「変なふうに切られた」となる。英語の場合も同じ発想があり，I broke my arm. は事故の場合も含む。日本語では「腕を折ってしまった（折っちゃった）」という完了表現にすると事故や不注意で被害を受けたという気持ちが入るが，英語では完了形にしても被害の意味が出るわけではないので，in a car accident といった表現で補い，意味を限定することになる。

2.　英語の受身

　英語の受身が使われるのは目的語を主語にして焦点化したり，「by＋行為者」を出さない場合である。受身の文のうち八割は「by＋行為者」をつけないと言われるが，それは，言い換えれば，行為者を表現しないために受身文を使うと言ってもいい。行為者を出さないのは，受身文の主語を引き立てる，あるいはわざわざ行為者を明記するだけの必要がないからである。Nick's father ordered some water to be put on the stove. (Hemingway, "Indian Camp") (ニックの父はこんろで湯を沸かすように命じた) では，湯が焦点なので受身形になり，湯を沸かす人は誰でもよいので省かれている。The building was founded in 1900., The roof of the house was painted red. のような文では「by＋行為者」は不明あるいは不要である。「by＋行為者」をつけない場合がほとんどであるから，「by＋行為者」をつける場合はその箇所が強調される。特に文末は文の締めくくりとして，ただ単語に強ストレスが置かれるだけでなく，イントネーションの上がる箇所でもあり，きわめて目立つ。したがって，文末に

by him とか by them のような代名詞はあまりこない。文の締めく
くりとしては，代名詞は軽く，付け足し感が強いためである。日本
語の場合は「られた」が文を締めくくるので，被害などの意が目立
つことになる。

　受身は，文の流れの中で，前の文とのつながりをスムーズにする
ためにも使われる。

(1) a.　He rang the bell at the front door, which was opened
　　　　by a young woman.　　　　(G. C. Thornley, *True or Not*)
　　　　（彼が玄関のドアのベルを鳴らすと，若い女性がドアを開けた）

　　b.　In my drowsy stupor I felt that I was being tenderly
　　　　covered up by my brother.　(Gaskell, "The Half-Brother")
　　　　（眠くてぼうっとしていたが，兄がやさしく私を包んでくれる
　　　　のを感じた）

　(1a) では主節の at の目的語 the front door はそのまま従属節の
主語となって続き，(1b) では主節の主語 I がそのまま従属節の主
語となっている。従属節を，新しい主語を立てて能動態（受身でな
い文）で書くときも，受身にして主語を一致させたほうが，文が前
文からの流れに沿ってなめらかに続く印象になる。

　英語の受身表現が客観的な事実描写であるのに対して，日本語の
「れる・られる」は被害などの主観的な響きが出てしまうので，両
方の間にどうしてもズレが生じる。次の文を見よう。

(2)　Now the broad road was crossed. The lane began, smoky
　　　and dark. Women in shawls and men's tweed caps hur-
　　　ried by.　　　　　　　　　(Mansfield, "The Garden Party")
　　　（やがて，幅ひろい道路がわかれるところへ来た。小路に来た，

　　煙っぽくて暗い小路。ショールをかけた女や，ツウィード地の鳥
　　打帽をかぶった男がいそいで通っていた）　　　　（安藤一郎訳）

　この文で，最初の文を「大通りが横切られた」と訳すと，日本語
も変だが，「られる」が被害を表すので，横切ってはいけない道を
誰かが横切ってしまったように聞こえてしまう。しかし実際は
Now the girl crossed the broad road. という意味で，ただそれを，
大通りを焦点化し，それを主語にして書き換えたものである。少女
を文に出さず，少女の目が見たものをずっと追っているから，少女
の気持ちとしては，とうとう大通りを渡ってしまった，さあ次は，
という感じになろう。このようなズレのため，直訳して不自然に響
く文は能動態に直すなどして日本語の発想に切り替える必要があ
る。

(3)　a.　The picture was taken by Mike.

　　　　（その写真はマイクが撮った）

　　b.　Nothing more was said for several miles.

　　　　（数マイルの間，それ以上は何も話さなかった）

　　c.　It is meant as a joke.

　　　　（それはジョークのつもりだった）

　　d.　Three people were killed in the accident.

　　　　（事故で三人が亡くなった）［kill の語源は「打つ」］

　　e.　He was heard to cry.

　　　　（彼の叫ぶ声が聞こえた）

　　f.　Is this chair taken?

　　　　（このいす，空いていますか）

　　g.　Is it understood?

　　　　（分かりましたか）

h. Every head was turned.

（みんなが振り向いた）

i. Outside right under their window a cat was crouched under one of the dripping green tables.

(Hemingway, "Cat in the Rain")

（窓の外のすぐ下，雨の滴る緑のテーブルの下に猫が一匹うずくまっていた）〔A bird is perched on a tree. のように動物は静物として見られてよく受身形になる〕

j. Seen under the moon, she [the locomotive] seemed more beautiful than in daylight.

(John Wain, "Goodnight, Old Daisy")

（月明かりの下で見ると，機関車は日の光の中で見るよりも美しく見えた）

　英語は他動詞を用いた「主語＋動詞＋目的語」の型が一番よく使われるから，他動詞から作られる受身表現も自然に多くなる。感情を表す場合も，日本語では「うれしい」とか「悲しい」とかいった形容詞を用い，英語でも happy, sad, angry などの形容詞を使うが，同時に，原因があり，それに誘発されて生じるものとしても捉えられる。その場合，delighted, aggrieved, surprised などの過去分詞を使った受身形になる。しかし受身形というよりは形容詞化しており，前置詞も，行為者を示す by ではなく，原因を示す at, about, of, to, with などが使われる。たとえば scared は，I am scared of snakes.（蛇が怖い）のように of を使うと形容詞で状態を表し，I was scared by a snake.（蛇に驚いた）のように by を使うと動詞で行為を表す。前置詞の使い分けは，at は点なので「〜を見て，〜を聞いて」というようにきっかけを表し（amazed, excited, surprised)，about は付近なので at よりも広い漠然とした事柄 (depressed, worried)，with は伴っての意なので，その置かれた状況に対して (contented, delighted, satisfied)，of は離脱で離れたいと思う対象を表す (ashamed, bored, tired, frightened)。pleased だと at, about, with を取るように，状況に応じて前置詞を使い分ける。afraid は形容詞で of を取るが，もともとは affray (脅えさせる) という動詞の過去分詞で，中英語では受身に by ではなく of を用いていたため，その古い形をとどめている（ドイツ語の受身は今でも of に相当する von を使う。古英語では from や with や through も使われた）。

　この感情を表す過去分詞は形容詞的性質を持つが，もとは動詞であるから動詞としての性質もとどめている。その場合，日本語では自動詞に相当するものになる。「驚かす」という他動詞の受身形は「驚かされる」だが，普通は，「爆音に驚かされた」と言うより「爆音に驚いた」と言う。「された」を付け足すのは被害の意識を強く出したいときで，そうでなければ単に「驚いた」になる。「喜んだ，悲しんだ，怒った，おじけた，おびえた」なども同様である。日本語の場合は感情を表す動詞だけではなく，先の「歯を抜いた」のように，正確には受身で表すべき文も，被害の意識がなく，ただ事実を述べるだけなら普通の能動態になる。だから英語の形容詞的性質を持った受身形は，日本語では形容詞か自動詞として訳したほうが落ち着く。

　感情に係わる「be＋過去分詞」型の表現を挙げる。

(4)　a.　He looked astonished at the news.
　　　　（彼はそのニュースに驚いたようだった）
　　b.　She was excited about the discovery.

148

（彼女はその発見に興奮した）

c. I am attracted to her by her beauty.

（彼女の美しさに惹かれた）［二重の前置詞句になっている。］

d. I am tired from study.

（勉強に疲れた）［of study は飽きた，by study とすると受身形］

e. I feel extremely embarrassed and ashamed of my weakness.

（私は自分の弱さをこれ以上ないほど恥ずかしく思った）［同じ意味の形容詞を二つ重ねて強調している］

f. I am relieved to hear the news.

（そのニュースを聞いてほっとした）［to は原因を表す］

g. Berry was shocked to have his talk interrupted so suddenly.　　　　　　　　　　　　　　(Thornley, *True or Not*)

（いきなり話の腰を折られてがっくりした）

h. I am determined to go.

（わたしは行く決心をした）［状態を表す。I determine to go. とすると行為になる］

i. I was undecided whether he was joking at last about the dream, or if he was really serious and believed that.　　　　　　　　　　　　(Caldwell, "The Dream")

（彼がついに夢のことで冗談を言っているのか，それとも本気で夢を信じているのか，私は決めかねていた）

　感情以外にも，形は受身だが，能動態にはしにくく，形容詞化している語が多い。形容詞化しているので by 〜 はつけない。たとえば他動詞を用いて「結婚する」と言うとき，Tom will marry Jane. と，Tom will get married to Jane. の二つの言い方がある。前者の

能動態は目的語の Jane に焦点があり，後者の受動態は形容詞化していて，「結婚している」という状態に焦点がある。get は動作を表すので，「結婚している状態になる」，つまり「結婚する」となる（be なら「結婚している」）。ただし文脈によっては「結婚させる」という動詞の受身形として，「結婚させられる」意にもなる。その場合，by her father のような語句がつき，そこが強調される。「生まれる」の born は，形は動詞 bear の過去分詞だが，形容詞化しており，前置詞 of を用いて，He was born of rich parents. のように言う（of は out of の意）。形容詞として，a born painter（生まれながらの画家）のようにも言う。しかし動詞として使うこともあり，その場合は，He was borne by a rich mother. のように by を使い，表記も，born ではなく borne となる（発音は同じ）。Two children were born to the woman he married. のように to をつけることもあるが，この場合は bear の原義である「運ぶ」意と係わり，to は「～へ」の意になる。possess も He is possessed of great wealth.（彼は莫大な富を所有している）は形容詞化された過去分詞で，He possesses great wealth. と同じ意味になる（前者は文語的）。He is possessed by an evil spirit.（彼は悪霊に取り付かれている）とすると受身形になる。行為に関し，通常は「be＋過去分詞」の形で用いられる例を挙げる。行為よりも状態に焦点がある。

(5) a.　He was dressed in a white suite.

　　　　（彼は白いスーツを着ていた）

　　b.　He is well spoken, although he has not got a university education behind him.

　　　　　　　　　(Muriel Spark, "You Should Have Seen the Mess")

　　　　（大学は出ていないけれど，彼は言葉遣いが上品だった）

c. I am supposed to be at the gate at three o'clock.

（3時に門の所に行くことになっている）

d. Jim was bareheaded.

（ジムは帽子をかぶっていなかった）

e. The way was deserted.

（その道はさびれていた）

f. I feel inclined to accept the offer.

（その申し出を受けたいと思う）

g. I am prepared to help you.

（喜んでお手伝いします）

h. He is drunk on wine.

（彼はワインで酔っている）［文字通りには「酒に呑まれる」］

i. In the park the grass was strewn with sunbathers.

（公園には芝生のあちこちに日光浴する人がいた）

j. Be seated. (Will you be seated, ladies?)

（お座りください）［Sit down. より格式張った言い方］

受身は他動詞から作られるが，I have a book. のように状態を表す動詞，つまり行為者の意志の感じられない動詞からは受身は作られない。受身文を作るには相手の行為によって何らかの影響を受ける必要があるからである。fit, resemble, lack, contain, cost などの動詞は受身を作れない。「溺れる」は drown で自動詞になるが，殺人など，外部の力が働いてその犠牲になる場合は be drowned と受身になる。drown oneself とすると入水になる。

二重目的語を取る動詞の受身は大きく二つのタイプに分かれる。一つは，Father gives me a book. のように，動詞が物の移動を表す場合で，「何を」「誰（どこ）に」という二つの対象を伴う。その

二つは必須かつ対等なので，主語はその二項のうちどちらがなってもよい。一般には人を主語にしたほうが好まれ，I am given a book by Father. のようになる。物を主語にした場合は A book is given to me by Father. となり，方向を表す前置詞 to を人（移動先）の前につける。ただし，to は移動の意味を明示あるいは強調するもので，give にはすでに移動の意味が含まれているから，省略して given me としてもよい（イギリス英語では省く。能動態でも I'll give it him. のように言う）。bring, take, hand, offer, send, teach, tell, promise, leave, throw といった授与や告知などを表す動詞がこのタイプになる。ask も二つの目的語を取るときはどちらも主語にできるが，物を主語にするときは Some questions were asked of me. のように，方向を表す to ではなく，分離を表す of を用いる。

　二重目的語を取るもう一つの動詞のタイプは，Mother bought me a flower. のように，動詞が人の利益を目的とするもので，受身は，物を主語にした場合，A flower was bought for me by Mother. のように，受益者の前に利益を表す前置詞 for をつける。このタイプの動詞は，人を主語にすると不自然になり，避けられる。それはこの動詞が，Mother bought a flower. のように，「（人）に」を必須とせずに使えるからである。for me はそこに追加されて副詞として意味を決めるから，I は主語とはなりにくい。build, cook, make, get, find, catch, gain などの動詞が該当する。

　古英語では受身の主語になれるのは，動詞が直接働きかける直接目的語（対格目的語）だけだった。だから「与格（人）＋対格（物）」という形で二重目的語を取ったものは対格だけが主語となれた。しかし中英語で格の区別が消失した結果，間接目的語（人）も直接目的語（物）もどちらも主語になれるようになった。一方，「対格（人）

152

＋属格（物）」という形だったものは，deprive the man of his wallet
のように前置詞を必要とするようになったため，人しか主語にでき
ない。cheat, clear, cure, heal, relieve, rid, rob などは of を取
り，hinder, prevent などは from を取る。He had been robbed.
は彼がさらわれたように読めてしまうが，rob の原義が服を奪うこ
となので，服をはがされた，つまり強奪されたとなり，その後に
of his money などを補う。「お金を（が）奪われた」と表現するた
めには，rob では人しか主語にできないので，物を目的語として取
る steal などを使って His money was stolen. とする必要がある。
Father catches sight of his son. のような句動詞の場合は目的語を
主語にして His son is caught sight of by Father. のようにする。
形の上では sight が catch の目的語になるが，句動詞は一つのまと
まりなので切り離すことはできない（ただし take much care of の
ように形容詞がついて名詞が浮き立てば Much care is taken of と
できる）。

3. 特殊な用法

英語で被害を受けたというときには，受身文ではなく，「have＋
目的語＋過去分詞」の構文を使う。

(1) I have my purse stolen.
（財布を盗まれた）

これは，文字どおりには，「わたしは財布を盗まれた状態で持っ
ている」といった意になる。被害であるから，stolen の位置には内
容的に悪い意味を持つ語が来て，その語が強く読まれる。しかしこ
の構文はそれだけではなく，誰かに何かをさせるとか，してもらう

という使役や恩恵の意味にもなる。たとえば，

(2)　I had my car repaired.

は，「（人に）車を直させた」，あるいは「直してもらった」の意になる。使役（恩恵）であるから，repaired の位置には内容的によい意味を持つ語が来る。発音の際には，主語の意志が係わるので，had の部分が強く読まれる。日本語は人の上下関係で言い方を変えるので，目下であれば「させる」，目上であれば「してもらう」と使い分ける。英語は横の対等な関係なので，このような区別はない。ただし，先の文は被害の意で，「車を直された」とも読める。壊れたままにしておきたかったのに，誰かに勝手に修理されてしまったという場合である。被害なのか使役（恩恵）なのかは，その文の置かれた前後の状況に従い，単独では判断できない（会話では強勢をどの語に置くかで一応の判断はできる）。また I will have your dress brought to you. は Your dress shall be brought to you.（服を持ってこさせよう）とも言えるが，shall は命令の響きがあるので必ずしも一致はしない。

　日本語では被害と使役，「される」と「させる」はまったく逆のものになる。しかしたとえば，「手をかまれた」と「手をかませた」は，話者の意志が入るか入らないかの違いで，事実は同じである。英語はその事実を述べる表現になる。英語の文字どおりの意味は，「わたしは車を，修理された状態で持った」であり，物の状態が示されているだけで，日本語のように人との係わり合いが表現されているわけではない。日本の中世の軍記物には，負けを認めたくない武士の意地から，受身（被害）を使うべきところに使役（放任）を使い，「（敵に）射させて」のように，相手にそうさせておくとする例が多くある。今なら，「言わせておく」のような言い方になる。

　have の代わりに会話ではよく get も使われる。have が「持つ」という状態なのに対して，get は「得る」という行為を表す。だから Get your car repaired.（車を直してもらえ／直した形で車を得よ）のように，行為を促す命令文によく使われる。被害の場合も，I got my hand bitten by a dog.（犬に手をかまれた）のように，get は行為を暗示するので，こちらの不注意な行為のため，そういう結果を得てしまったという感覚がある。

　「have ＋目的語＋過去分詞」は，時制の章で見たように，完了を表す場合にも使われる。「be ＋過去分詞」でも完了を表現できる。古い形の名残で，そう多く使われるわけではない。やはり前後関係で区別する。

(3) a. Sadie had her hand clapped to her cheek as though she had toothache. (Mansfield, "The Garden Party")
　　　（サディは歯が痛いかのように頬に片手を当てていた）

　 b. He wanted to be done with the woman.
　　　（彼はその女と手を切りたかった）

　ほかの英語の使役文も，日本語では受身として主観的に表現される。日本語は自分を中心にした発想になるためである。

(4) His death made me think about life.
　　　（彼の死で，わたしは人生について考えさせられた）[I was made to think about life by his death.]

　「SVO＋原型不定詞」の型の使役動詞はほかに have，let があるが，これは受身を作らない。make が「作り変える」で一番強制力があるのに対して，have は「持つ」，let は「放置する」で強制力がないからである。また to 不定詞を取る動詞がある。

(5)　The boss got us to work overtime.

　　（ボスに残業させられた）［We were forced to work overtime.］

　to は方向を示す語なので，相手に働きかけて，～の方向へ進ませる意になる。この種の動詞は，cause, force, compel, drive など強制力を持つものになる。give も，He gave me to understand that ～ という形で使われる。知識や情報を与えて相手に理解させるという意味になる。同じ内容でも make him go と force him to go は感覚が違い，to があると間接的になり，～の方向へ彼を動かす意になる。

　日本語の「させられる」という言い方は，「させる（使役）＋られる（受身）」から構成された表現である。「ボスが残業させた」はボスの強制的な行為を外から見ているが，それに「られる」がつくと，その行為が自分の身に降りかかることになる。この使役と受身は動詞の意味を強く限定するため，動詞のすぐ後に置かれ，その間にほかの助動詞をはさめない。また二つが並ぶ場合は使役が先行する。

　英語が状況を客観的に言い表そうとするのに対し，日本語は状況を主観的に言い表そうとする。だから日本語には，英語ではあり得ない自動詞文の受身形がある。

(6)　雨に降られた。／父に死なれた。／子供に泣かれた。

　この言い方は，雨が降る，父が死ぬ，子供が泣くという自動詞の文があり，その状況が自分にとってたいへんな被害だったという観点から作られた文である。受身構文を生かせば，英語では次のようになろう。

(7)　a.　I had the bad luck to be caught in the rain.

　　　　［It rained on me. という言い方もある。「on 人」で「（人に）被

156

　害・迷惑をかけて」の意]

b. I was struck by my father's death.
　[My father died on me. / I had my father die on me.]

c. I was made miserable by my child's weeping.
　[My child wept on me.]

　英語の自動詞でも，Someone seems to live in this empty house. のように，「自動詞＋前置詞＋目的語」という形で目的語相当の語があれば This empty house seems to be lived in. のようにはできるが，目的語相当の語がないものについては不可能である。なお「先生に怒られた」は I was scolded by the teacher. と言えるが，「怒る」は自動詞なので，日本文は自動詞の受身形になる。「しかる」は他動詞なので英語と対応する。

　また受身の意味を持つ英語の特殊な構文として，I am to blame. （わたしが責められるべきだ）がある。blame は他動詞で「〜を責める」の意だから，本来なら I am to be blamed. になる。しかし一般的には be to blame で慣用化している。これは，古英語では不定詞は -enne という語尾を取り，今の動名詞のように名詞と動詞の働きがあったためで（だから「to＋動詞」は「前置詞＋名詞」の形），blame には「責める」という能動の意と「責められる」という受動の意があった。それは今日でも，名詞，たとえば punishment には「罰する」意と「罰せられる」意があること，あるいは The boy deserved punishing. （その少年は罰せられて当然だ）の punishing は受動の意になることでも分かる。だから to blame は古英語の「責められる」意を引きずっていることになる。同様に，The house is to let. （その家は貸家である）も，現代の文法に従えば to be let となるが，昔からの慣習に従っている。The church is building. も，本来

は on building という動名詞から派生したもので，being built の意になる。My pen is missing.（ペンが見つからない）も同様である。

　さらに，The book sells well.（この本はよく売れる），The paper feels rough.（この紙はざらざらする），This cloth wears well.（この布は長持ちする）といった表現も，本来なら受身で表すべきところを，擬人化して，自動詞として表現している。ただし，決まった動詞に限られた慣用的な表現になる。

4.　授受表現

　日本語の表現が主観的で，英語が客観的ということは，授受表現によく現れる。

　(1)　I gave him an apple.

　この文を「彼にリンゴを与えた」と訳すと，なにか動物にでもリンゴを与えるような冷たい語感が伴う。日本語らしい表現は「やる」か「あげる」で，「やる」は，こちら（話し手）から下の者へ，「あげる」はこちらから上の者へ渡すときに使う（「やる」の原義は「行かせる」，「あげる」の原義は「上に移す」。敬語は「差し上げる」）。補助動詞として使うときも，「読んでやる」，「読んであげる」のように，相手の上下に応じて使い分ける。人の上下関係に縛られない英語では単に I read a book for him. となる。

　(2)　He gave me an apple.

　相手（上下は問わない）がこちら（自分および自分に近い人）に利益となるものを与える場合は「くれる」になる（敬語は「くださる」で，「下す」に尊敬の助動詞「る」のついたもの。「くれる」の

158

語源は不詳）。補助動詞として使う場合も，「助けてくれた」のように使う。ある人に，その人より下の者にある行為をするよう頼む場合は「〜してやってくれ（おくれ・ください）」，上の者なら「〜してあげてくれ」と言う（「くれ」はよく省略される）。「くれる」は恩恵だが，逆の被害の意になることもあり，「たいへんなことをしてくれた」とか「やってくれたな」と言うと，相手の好ましくない行為に対して皮肉がこもる。自分を主語にして「こうしてくれる」とか「くれてやる」とすると，相手への軽蔑感がこもる。古語では，相手が自分に物を与える場合だけでなく，自分が相手に物を与える場合も「くれる」と言った。この場合はその意で，相手は自分よりも下の者になる。ありがたくないものを渡された場合は，「よこした」「くれやがる」などの言い方をする。あるいは「頼まれてくれないか」というお願いの表現があるが，それは，頼まれるということをこちらに恩恵として施してくれないかの意で，被害を受けることになって申し訳ないがという気持ちがこもる。だから「〜してくれないか」という一方的な言い方よりも謙虚な言い方になる（「頼まれてもらう」という言い方はない）。

(3) I was given an apple by him.

　この文も，ただ「リンゴを与えられた」とすると，ただ事実だけが述べられ，恩恵の意がない。こちらが相手から利益となるものを受ける場合は「もらう」，敬語なら「いただく」になる（「もらう」の語源は「守（も）る」で「じっと見つめる」こと。「いただく」は頭の上に載せる意で，身分の高い人から物をもらうとき，高く捧げて受けたところから）。ありがたくないものの場合は，「渡された」「よこされた」のように「される」を使った受身（被害）になる。補助動詞としては，「助けてもらった」のように言う。訳し方として，

The children were taken to the castle. は「子供たちは城へ連れて
いかれた」だと誘拐されたように聞こえるから,「連れていっても
らった」とする必要がある。Children made a list of items that
they would like to be bought. も,「買われることを望む品のリス
ト」ではなく,「買ってもらいたい品のリスト」としたほうが日本
語らしくなる。また「死んでもらいます」は「殺してやる」と求め
るところは同じだが, 前者の「もらう」はこちらの利益, 後者の
「やる」は相手の利益を含意する（相手の利益というのも変だが,
本来死ぬべきところを助けて死なせてやるということであろう）。

　日本の社会は上下の人間関係で成り立っているため, このように
相手と自分とのやり取りはどうしても主観的なものになり,「上げ
る」や「下さる」のように上下の感覚が伴う。内・外も人間関係を
決める重要な尺度になるが, 外の者は自分よりも上にもなれば下に
もなる。身元の確かな外来者（guest）なら上, 身元の怪しいよそ者
（outsider, stranger）なら下になる。

5.　れる・られる

　日本語では被害を受けた場合の「れる・られる」は日常的によく
使う。しかしいつも受身の意味があるわけではない。自発, 受身,
可能, 尊敬の四つの意味があり, 受身以外は, 英語の受身形では表
現できない。この助動詞の本来の意味は, こちらが何かをしなくて
も, 自然にそうなるという自発の意味である。「昔のことがしのば
れる」「正しいと思われる」と言うときの「れる」は, 受身ではな
く, 自発である。自分ではしのんだり, 思ったりしようとしている
わけではないのに, 何か大きな力が働いて, 自然にそういう状態に
なるという感覚である。受身もそこから派生し,「人に愛される」

「上司に責められる」のように，自分ではその動作に積極的に係わったわけではないのに，何か大きな力が働いて，自然にそういう状態になることを表す。

　「れる・られる」でややこしいのは，さらに可能や尊敬の意味も持つということである。「忘れられない」「覚えられない」は，自分では忘れよう，覚えようとしても，自分を超えた何か大きな力が働いて，そうできない状態が自然に現れてくることを表す。この可能は，元々は「できない」意で使われたが，「できる」意でも使われるようになる。尊敬は，「先生が来られる」のように，先生が意図的に何かをするのではなく，何か大きな力が働いて，その人の動作が自然に生じてくるという感覚を表している。古代では偉い人はお付きの者がいろいろ世話をしてくれる（あるいは，命令してそうさせる）ので，自分はただされるままになっていればよい。その「される」から尊敬の意が生じてきた（ただし，ほかの意に比べ尊敬の意の発生は遅い）。

　したがって，「先生はウナギを食べられた」と言うとき，この「食べられた」は可能にも尊敬にもなる。どちらになるかを決めるのは文脈で，単独の文では分からない。同じ「食べられた」でも，「先生にウナギを食べられた」とか「先生はウナギに食べられた」とすると，被害を表す受身になってしまう。あるいは，「あの人が忘れられない」とすると可能，「あの人が忘れられることはない」とすると受身になる。「思われる」も，「好きな人から思われる」は受身，「適切と思われる」は自発，「適切とは思われない」は可能，「先生はそう思われた」は尊敬になる。自発・可能は，故郷が思われる，失敗が嘆かれる，秋の気配が感じられる，のように主語「が」を取り，人ではなく事が来る。自然にそうなるという発想があるからである。ただし，「国宝が盗まれる」とすると受身である。人を主語

にすると，「先生は秋の気配を感じられた」のように尊敬の意になる。ややこしいが，ちょうど英語の完了形が持つ完了・経験・継続の意味を英語の話者がいちいち意識して話しているのではないように，日本人も「れる・られる」の意味を一つ一つ意識して話しているわけではない。

　「れる」は助動詞で動詞（五段・サ変）につくが，動詞の中には，「れる」がついてもそれを助動詞とはせず，ひとまとまりで自動詞となっているものがある。「生まれる」「溺れる」「あふれる」「埋もれる」「揺れる」「流れる」「割れる」「漏れる」「壊れる」「焦がれる」など下一段の動詞群である。語形成としては，「生まれる」を例に取ると，古語・他動詞四段の「生む」に助動詞「る」がついて自動詞下二段の「生まる」となり，さらに，歴史的に連体形と終止形が重なることで下一段になって「生まれる」となる。これらの自動詞の多くには五段の他動詞形があり，それに助動詞「れる」をつけて受身の文を作れる。すなわち，「流れる」に対して「流される」（「流す」＋「れる」），「割れる」に対して「割られる」（「割る」＋「れる」），「揺れる」に対して「揺らされる」（「揺らす」＋「れる」）といったようになる（「捕らわれる」に対して「捕らえられる」のように，下一段「捕らえる」＋「られる」の形もある）。しかし自動詞形と「他動詞＋れる」は，同じ事象を指していても，意味合いが異なる。たとえば「橋が壊れる」と「橋が壊される」を考えると，自動詞のほうは自然にそうなるという意でただ事実だけを述べているのに対し，他動詞のほうは原因あるいは行為者があってそうなるという論理的な発想になる。他動詞文は，格助詞の「が」を「を」に換え，「橋を壊される」とも言え，この場合は，主語（人）が被害を受けたことが意識されている。この三つの表現は，英語では，The bridge destroyed itself., The bridge was destroyed., We had the bridge destroyed. に相当しよう。ただし最初の言い方は力が自分に向かう他動詞の発想で，自然にそうなるという感じとは少し違う。自動詞の場合は，destroy には自動詞の用法がないので，break, collapse, fall down のような動詞を使うことになる。「乱れる・乱される」についても同様だが，「髪を乱して走る」という場合，自分の意志で乱しているわけではないから，英語では She runs with her hair disheveled. となり，「髪が乱された状態で」走る。しかし日本語では自分の意志で（つまり髪を直そうとしないで）そうしていることになる。

　「れる」ではなく，「る」で終わる自動詞もある。静まる，閉まる，始まる，助かる，埋まる，つながる，などの五段の動詞群で，他動詞は，静める，閉める，始める，助ける，埋める，つなげる，といった下一段の動詞になる。自動詞も他動詞も「る」で終わるが，これは同じ種類の「る」ではない。たとえば「助ける」は，もともとは他動詞下二段活用の「助く」で「く」が終止形だったが，歴史的に連体形と終止形が重なることで「助ける」という下一段動詞になったものである。一方，「助かる」は他動詞の「助く」に助動詞「る」がついて自動詞形になったもので，こちらに自発の意が入る。「助かる」と「助けられる」の違いは，「助かる」は事実だけを述べているのに対し，「助けられる」は原因があり，誰か（何か）によってその行為が生じたことを表す。この関係は先の「乱れる・乱される」と同じである。なお，「乱す」など五段の他動詞には「れる」，「助ける」など下一段の他動詞には「られる」がつく。

　この「れる・られる」の対となる助動詞が「せる・させる」である。前者が自然にそうなるという概念を元に受身を表すなら，後者は人の意図によってそうなるという概念を元に使役を表す。たとえば「髪を切る」はみずから行う行為，「髪を切られる」は誰かから受

ける行為，「髪を切らせる」は人を使って行う行為になる。だから
「られる」と「させる」は逆になるとはいっても，「髪を切る」のよ
うにみずからが行わない点では同じである。その点，英語でも He
had his hair cut. のように表現は同じになった。この「させる」と
「られる」は結び付いて使役の受身を作る。「書く」（五段）は受身
だけなら「（悪口を）書か・れる」，使役を加えれば「（反省文を）書
か・せ・られる」，「見る」（上一段）は受身だけなら「（人に）見・
られる」，使役を加えれば「（現場を）見・させ・られる」，同様に
「来る」（カ変）は「（親父に）来・られる」と「（ここまで）来・さ
せ・られる」，「する」（サ変）は「（意地悪を）さ・れる」（「する＋
られる」→ せ・られる → さ・れる）と「（仕事を）さ・せ・られる」
になる。なお古代では，「られる」も「させる」も尊敬の意味を持っ
ていた。ただし「させる」（古代では「す・さす」）が尊敬の意味を
持つのは「たまふ」「おはします」といった尊敬の補助動詞がつい
て「させたまふ」などとなった場合で，天皇など高貴な人は，みず
から汗して行うのではなく，お付きの者に命じてそうさせるから，
相手に何かをさせることをお許しになる意になり，そこから発展し
て「お～になる」という意の高い敬意になった。今日「～させなさ
る」と言えば，尊敬の補助動詞がついても使役の意味のみになる。
　「させる」を使った日本語特有の表現として，「司会をさせていた
だく」「出席させていただく」がある。相手の許しを得て行う意の
謙譲表現で，英語では I will ～（with someone's permission）の表
現で自分の意志を表す。「させてもらう」「させてくれる」とすると
恩恵の意が出てくる。「（私は兄に）食べさせてもらった」は自分が
主語，「（兄は私に）食べさせてくれた」は相手が主語になる。「よ
くも恥をかかせてくれたな」のように反語にも使われる。ただし
「させられる」とすると被害の受身になる（I was made to do ～）。

164

また「部下を死なせた」「子供に寂しい思いをさせた」は，自分が
それを意図したわけではなく，本来は防ぐべきだったのに自分の不
注意からそうなってしまったという自責の念を表す（I have let my
subordinate die.）。「彼を成功させてやりたい」も自分が直接働きか
けるのではなく，状況がそういう方向に進むことを望む意になる（I
wish him success.）。「成功させてやった」とすると自分が直接働き
かけたことになる（I helped him succeed.）。なお，「～を・させる」
の「させる」は動詞で，動詞の後につく助動詞の「させる」とは区
別される。本来は「する」の未然形「せ」に「させる」がついた「せ
させる」だが，それを縮めたものになる。

　動詞には古語の使役の助動詞「す」がついていても，「動詞＋助
動詞」ではなく，一つの独立した他動詞となっているものがある。
「持たす，飲ます，走らす，食わす，言わす，聞かす，泣かす，狂
わす，寝かす」などで，元の形は「持つ，飲む，走る，食う，言う」
など，人が意志的に行う行為の語で，それに助動詞の「（さ）す」が
ついてできている。しかし今ではそのように分解せず，「持たす，
飲ます」で一つの動詞になる。現代語なら「飲む＋（さ）せる」で
「飲ませる」となり，「飲ます」と意味は同じだが，「（さ）せる」を
独立させる分だけ使役の意が強く出る（「す」は文語的な響き）。

　また一方で，「す」で終わっていても使役の「す」ではなく，「す
る」意の古語「す」で終わる他動詞がある。「流す，離す，乱す，隠
す，移す，返す，焦がす」などで，これらは「る」（「なる」の「る」）
で終わる自動詞，すなわち「流れる，離れる，乱れる，隠れる，移
る」（古語では「流る，離る，乱る，隠る，移る」）といった自動詞
と対になる他動詞である。先の語群と違うのは，「持つ，飲む」な
どの動詞は人が意志的に行う行為なのに対し，この「流れる，落ち
る」などは，人の意志が入らず，物が自然にそうなるという状況を

表す点にある。だからそれに「す」をつけると，人の意志で物をそういう状況へ持っていくという意を表すことになる。つまりこの「す」は使役ではないものの，人の意志的な行為が加わる点では同じ役目を果たす。したがって「飲む－飲ます」の関係は「流る－流す」の関係と同じになる。この語群の使役形を作るときは，「流す－流れる」だと，それに「（さ）せる」をつけて，「流させる－流れさせる」となる。

6.　過去分詞

　英語の受身は「be＋過去分詞」という形を取るが，be を have に変えると完了形になる。だから過去分詞は受身形と完了形を作る語となる。過去分詞は，現在分詞が現在進行中でまだ終了していない行為の状態（〜している状態）を表すのに対し，すでにある行為が完了してしまっている状態を表している。だから，現在分詞と同様，単独で名詞を修飾する形容詞としても使われる。a burning house は「燃えている家」，a burnt house は「燃えた家」となる。分かりにくいのは，完了では過去分詞は「〜した」と訳すのに，受身では「〜された」と訳すことである。形は同一であるのに，その前につく助動詞で意味が変わることになる。

　過去分詞とは本来は動詞を形容詞化したものである。自動詞であれば，gone のように出かけた状態で能動（受身でない動作）の意，他動詞であれば，broken のように壊された状態で受身の意になる。だから受身形の The window is broken. は，「窓が壊された状態になっている」→「窓が壊れている」の意味になり，I am happy. と同様，is が自動詞で，broken が補語（形容詞）の働きをする。もっとも，英語もかつては，状態と動作は区別され，状態のときは

「wesan/bēon（be 動詞）＋過去分詞」，動作のときは「weorðan＋過去分詞」となった。しかし後者が廃れたため，be が二つの意味を兼ねるようになり，The door was opened. は「開けられた」（動作）ともなれば「開いていた」（状態）にもなる。廃れた weorðan（become の意）はドイツ語の werden と語源が同じで，ドイツ語では werden は動詞および助動詞（未来や受身）として使われるきわめて重要な語となっている。英語では，廃れた動詞は，その後 become（変化），ついで get（動作）が使われるようになり，The window gets（becomes）broken. で，「窓が壊された状態になる → 窓が壊された」となる。状態を強調したいときは remain, lie, stay 等を使う。文法的には，「be＋過去分詞」は受身の意のときは「助動詞＋動詞」と分析されるが，過去分詞が形容詞化されている場合は「動詞＋形容詞」になる。get started, get excited, get married はこの形になる。Let's get started. は「さあ始めよう」で Let's start. と同じだが，文字通りには「始める状態になろう」で，始める準備を促している。

　gone の場合，区別があいまいになる。移動を表す自動詞（come, move, arrive, fall, walk など）は元々 be を使って完了形を表したから，He is gone to Paris. と He has gone to Paris. は同じ意味だった。しかし今日，be につく gone は形容詞と見なされ，Don't be gone long. は「長く『行ってしまっている状態』でいるな」，つまり「すぐに戻っていらっしゃい」の意になる。完了形にする場合は，He has been gone long. のように，been が必要になる。

　一方，完了形は，歴史的には，最初に I have the window broken.（わたしは壊された状態で窓を持つ）という文があり，それが，broken が目的語の前に出てきて，I have broken the window. となることで成立する。だから本来は have は「持つ」という意味の動

詞であったが，今日では助動詞と位置づけられ，形容詞だった broken が動詞となっている。単に配列が変わっただけだが，訳とすれば，この目的語を取る過程で，broken は本来の「壊された」という形容詞から「壊す」という能動の意の動詞に変わったことになる。文法的にも，古英語で形容詞だったときは直前の目的語の格・性・数に合わせて語尾変化をしたが，動詞になると今度は直前の have の支配を受けることになる。しかし have は今日でも「持つ」の意味をとどめて，「窓を壊した状態を持つ」という感じになる。だから the window を主語にして書き換えれば，broken は本来は形容詞であったから，the window is broken という文ができあがる。I have the window broken. という古い形は，今では使役形として残っており，本来の「壊された状態で窓を持つ」という原義から，「（誰かに）窓を壊された」という意味と，「（誰かに）窓を壊させた（壊してもらった）」という意味が生まれることになる。

7.　作品例

　日本語の受身と英語の受身を文学作品の中から拾ってその用法を比べてみる。次の文章は『雨月物語』で魔王と化した崇徳院の霊が西行に生前の政治的動乱のさまを語る箇所だが，受身と使役が被害と加害という動きの中でひんぱんに使われている。

(1)　まづ信頼が高き位を望む驕慢の心をさそふて義朝をかたらはしむ。かの義朝こそ悪き敵なれ。父の為義をはじめ，同胞の武士は皆朕がために命を捨てしに，他一人朕に弓を挽く。為朝が勇猛，為義忠政が軍配に贏目を見つるに，西南の風に焼討せられ，白川の宮を出しより，如意が嶽の嶮

しきに足を破られ，或は山賎の椎柴をおほひて雨露を凌ぎ，終に擒はれて此の嶋に謫られしまで，皆義朝が姦しき計策に困められしなり。これが報ひを虎狼の心に障化して，信頼が隠謀にかたらはせしかば，地祇に逆ふ罪，武に賢からぬ清盛に遂討たる。且父の為義を弑せし報せまりて，家の子に謀られしは，天神の祟を蒙りしものよ。又少納言信西は，常に己を博士ぶりて，人を拒む心の直からぬ，これをさそふて信頼義朝が讐となせしかば，終に家をすてゝ宇治山の坑に竄れしを，はた探し獲られて六条河原に梟首らる。

（上田秋成『雨月物語』「白峯」）

　受身表現を挙げていくと，「焼討せられ」「破られ」「擒はれて」「謫られし」「困められし」が，崇徳院が受けた被害である。これらの表現には，連続して使われることで，徹底的にやられた，被害を受けた，無念だ，という気持ちが表れている（「焼討せられ」の「せらる」は「焼討す」の未然形（「せ」）に受身の「らる」が付いた形）。そしてその報復として，敵に対する「かたらはしむ」「かたらはせ」という使役表現がある。「かたらは」は「語ふ」（説得する，自分の仲間に引き入れる意）の未然形に使役の助動詞「しむ」と「す」がそれぞれ付いたもので，「しむ」が漢文調なら「す」は和文調になる。こちらは崇徳院が相手に仕掛ける陰謀で，それが功を奏して，憎き敵は「遂討たる」「謀られし」「梟首らる」となる。このように日本語の受身の文章は語り手の感情がどっぷりと入った表現になる。

　ついで英文学からオースティンの『高慢と偏見』の一節を引く。上流階級の高慢な女性が，自分の息子と恋仲になった若きヒロインに邪魔をするなと攻撃する場面である。ヒロインは中産階級の女性だが，上流階級の女性にとっては位が下の女になる。

(2) "I will not be interrupted. Hear me in silence. My daughter and my nephew are formed for each other. They are descended, on the maternal side, from the same noble line; and, on the father's, from respectable, honourable, and ancient—though untitled—families. Their fortune on both sides is splendid. They are destined for each other by the voice of every member of their respective houses; and what is to divide them? The upstart pretensions of a young woman without family, connections, or fortune. Is this to be endured! But it must not, shall not be. If you were sensible of your own good, you would not wish to quit the sphere in which you have been brought up."　　　　　(Jane Austin, *Pride and Prejudice*)

（口答えはしていただきたくないの。黙って，お聞きなさいったら。わたしの娘とあのダーシーとはね，ちゃんとはじめから，夫婦になるようにできてるのよ，ね。母方の血からいっても，二人とも立派な同じ家系の出だし，父方からいっても，爵位こそなけれ，どちらもりっぱな古い家柄の生れなのよ。どちらの資産だって，大したものですからねえ。両方の家の，いわば全員の賛成で，将来は夫婦ということに決まってるんですのよ，ね。それを，いったい誰が妨げようというの？―ろくに家柄もない，親戚もない，財産もないという，たかが成上り娘の野心じゃないの！ こんなことが，黙って見ていられますか？ ぜったいにだめ。ぜったいにゆるしませんから！ あなたもね，もし自分のためを思えば，ちゃんと自分の育ってきた世界を飛び出そうなんて，思わないことよ）

（中野好夫訳）

　この文章には受身構文が六か所ある。しかし訳文では「れる・られる」の受身表現は一度も使われていない。つまり被害を表す文ではないということである。My daughter and my nephew are formed., They are descended., They are destined. はそうなるよう運命やしきたりによって定められているということで，事実を述べる客観的表現である。行為者は運命やしきたりといった漠然としたものだから，人を主語にした受身形になる。I will not be interrupted. は，ヒロインが話し手の話に割り込んできたことに怒って放った上流階級の女の言葉で，Don't interrupt me. としてもいいところである。しかし Don't 〜 が相手への働きかけなのに対し，I will not 〜 は自分の意志の主張であり，相手を眼中に置いてはいない。あくまで相手から何らかの行為を受けることの拒絶になる。Is this to be endured!（直訳は「これは耐えられるべきことか」）も，I will not endure this. ということではあるが，目的語を主語にした受身表現であるから，自分が耐える以前に，そもそも常識的に耐えることを問題にするようなものではないという客観的事実の主張になる。the sphere in which you have been brought up は，in which you have grown up でもいいところである。しかし grow up が自動詞で，相手の自立性を暗示するのに対して，bring up の受身形は，その自立性を否定し，相手を意志のない物のように見て，相手が環境に縛られ，そこから抜け出せるものではないことをほのめかしている。したがってどの受身表現も話し手の傲慢さを示すものになる。

第6章　仮定法と敬語

　英語は物を見て話し，日本語は人を見て話す。その分，英語は客観的表現に傾き，日本語は主観的表現に傾く。しかし両言語とも話し手の主観が特に強く出る表現方法がある。英語では仮定法と法助動詞，日本語では敬語，あるいは軽卑語を含めた待遇表現である。ここでは仮定法と敬語を中心に見ていく。どちらも動詞の形を変えるが，英語が自分の感情を表すものなのに対し，日本語は相手への気持ちを表すものになる。

1.　二つの表現方法

　英語では，文の内容に対する話し手の心的態度がどう動詞に反映しているかで，大きく直説法（直接法）と仮定法に分かれる。直説法とはある事柄を事実として述べるときの表現方法であり，仮定法とは，ある事柄が事実ではないという前提で，話し手の心の中にある想像や願望を述べるときの表現方法になり，動詞・助動詞の形が異なる。

　（1）　もしこの野原を突っ切れば，早く家に帰れる。

　この文を考えると，英語では，可能性があるかどうかで，二つの表現ができる。

(2) a.　If you go through this field, you can get home sooner.

　　 b.　If you went through this field, you could get home sooner.

　(2a) の場合は，明らかな事実を述べる場合で，If 節も主節も動詞は現在形である。(2b) の場合は，野原がぬかるんでいたり，暗かったりして，とても突っ切ることなど不可能だが，仮に突っ切るとしたらという前提で，空想的に語る場合である。動詞は If 節も主節も過去形（仮定法過去）になる。日本語では，(2b) の場合，「帰れるのに」とか「帰れるのだが」とすると，そうできなくて残念だという気持ちを表せる。「のに」自体は接続助詞だが，その後に続くはずの「それは無理だ」といった文が省略されることで，残念とか不満の意を暗示する。しかし絶対そうだというわけではなく，可能でもためらう場合にも言う。「この野原を突っ切れば早く家に帰れるね」とすると，主観的に言っているのか客観的に言っているのか，字面だけでは区別できない。このように，英語は文の表現方法に明示されるが，日本語は文だけでは分からず，状況から判断するしかない。これは，日本語には，相手との距離に応じ，距離があれば，断定を避け，柔らかな表現を使おうとする傾向があるためである。文に独立性を持たせ，それ自体で明確に表現・理解させようとするのは英語の精神であり，日本語とは異なる。喩えれば，日本語はぼかして暗示性を強く出す霞の言語であり，英語は細かいところまでくっきりと照らし出す光の言語になる。

　英米人なら (2a) にするか (2b) にするかの判断はすぐにできる。しかし日本人にはその判断はとっさにはできず，どちらがいいか

迷ってしまう。その戸惑いは，ちょうど名詞に a をつけるかどうかをすぐに判断できない場合と同じである。戸惑う理由は，日本語には仮定法のような発想がないからである。文法が物事の見方・捉え方を規定しており，人はその規定に従って対象を捉えようとする。その規定がないと，そういう発想自体ができない。

　一方，日本語には英語とは違う発想がある。先の文は，日本語では誰に話すかによって，大きく二つの表現が可能になる。普通文と敬語文で，やはり動詞の形が異なる。

(3) a.　もしこの野原を突っ切れば，早く家に帰れるよ（帰れるのに）。
　　 b.　もしこの野原をお通りになれば，早くお家にお帰りになれますよ（なれるのですが）。

　(3a) は普通文，(3b) は敬語文による表現である。日本人ならこの (3a) と (3b) の使い分けはすぐにできる。日本人は上下・内外で人を区別するので，話す相手は，(3a) は社会的，年齢的，あるいは心理的に自分と同じか下，あるいは自分と同じ領域にいる親しい人で，距離がなく，よって気を遣わず，普通の言い方で話せる人，(3b) は社会的，年齢的，あるいは心理的に自分よりも上，あるいは自分と同じ領域に属さず，その外側にいるなじみのない人で，距離があり，敬語を使って話さなければいけない人である。日本語の場合，普通文も事実としての客観的な表現ではなく，語り手の感情を反映する。ただ敬語ではないというだけで，すでに親しさやよそよそしさなどの感情が入っている。普通文をもっと崩し，「こん原っぱ突っ切りゃお，早くうちに帰れるぜ（帰れるんだがなあ）」とすれば，気の置けない仲間や身内に対するさらに気楽で遠慮のない言い方になる。

2. 仮定法

　まず仮定法過去。現在のことを表現するのに，過去形を用いる。文の流れでは，ずっと現在形で語られてきて，そこに過去形の文という形で現れてくる。単純な過去形と違い，従属節にIf，主節にwouldがつくから，その形だけで仮定法と分かる。

(1)　If he came here today, we could play tennis.
　　（もし今日，彼が来たら，テニスができるのに）

　このように過去形を使う場合，彼がきょう来ないということはもうはっきりしており，その前提で自分の気持ちを述べている。過去とはもう過ぎ去り，変更しようのないものであり，その確定しているという感覚が，現在のことを過去形で表現する形で表れる。これは日本語で，「もし彼が来たらテニスができたのに」と過去形で言う場合と同じである。ただ違いは，日本語では必ずしも過去形にする必要はなく，「テニスができるのに」のように言うこともできる。日本語には時制がないためであるが，英語の場合は必ず過去形にしなければならない。もっとも古英語には過去形とは違う仮定法特有の語尾があったが，それが廃れたために今は過去形になっている。しかしどちらも今のことを表しているのではない点では同じである。条件文は必ずしも必要ではなく，文脈により分かれば省略される。You would love the children. なら if you saw them, We could help her. なら if we would という含みがあり，条件文がない分だけ簡潔になっている。また条件が主語やto不定詞や副詞で暗示される場合もあるし，If only ... のように条件文だけあって主文が省略されることもある。

(2) a.　A daughter couldn't be better to me.

　　　　　　　　　　　　　　(Frank O'Connor, "The Man of the House")

　　　（娘がいたとしても，これほどよくはしてくれない）［If I had a
　　　daughter を補う］

　　b.　He might be better with a wife.

　　　　　　　　　　　　　　(Hemingway, "A Clean, Well-Lighted Place")

　　　（奥さんがいれば今よりはよいだろうに）［with a wife＝If he
　　　had a wife］

　　c.　Without thee, it is pain to live; But with thee, it were
　　　sweet to die.　　　　　　　　　　　　　　　　(John Keble)

　　　（あなたなしでは生きるのはつらい。でもあなたと共になら死
　　　も心地よい）［後半が仮定法］

　　d.　I'm sure I should be myself were I once among the
　　　heather on those hills.　(Emily Brontë, *Wuthering Heights*)

　　　（あのヒースの丘に戻れたらきっと元の私になれると思う）［if
　　　の省略で were I と倒置］

　　e.　I would accept the offer, which might open the way
　　　for the future.

　　　（私だったらその申し出を受けるね。未来に道を開いてくれる
　　　かもしれないんだから）［If I were you］

　　f.　"It's very kind of you."　"Any woman would do the
　　　same."　　　　　　　　　　　(Elizabeth Taylor, "The Fly-Paper")

　　　（「ご親切ありがとう」「どんな女性でも同じことをしますわ」）
　　　［If in my position］

　　g.　You could eat off your floor, Mrs. Merrifield.

　　　　　　　　　　　(Muriel Spark, "You Should Have Seen the Mess")

　　　（こんなにきれいなら床に落ちたものでも食べられますね）［If

you would]

h. I beseech you to tell me how everything was," said Dorothea, fearlessly. "I am sure that the truth would clear you." (George Eliot, *Middlemarch*)

(何が起こったのか，すべて話してもらえませんか。真実が明らかになれば身の潔白を晴らせるはずです) [if you told it]

i. Oh, to be in England / Now that April's there.

(Robert Browning, "Home-Thoughts, From Abroad")

(ああ，イングランドにいられたら／今そこは四月) [Oh, to be in = How I wish I were in]

j. If I were a dead leaf thou mightest bear; / If I were a swift cloud to fly with thee.

(Shelley, "Ode to the West Wind")

(西風よ，汝の運ぶ枯葉になれたなら，汝と共に空を飛ぶすばやい雲になれたなら)

k. I think you could hardly treat him better if he was really your brother. (Mrs. Gaskell, *Brother Jacob*)

(本当の兄弟だとしても，これほど親切には扱えないと思う)

l. If it were not for love, life would not be wonderful.

(もし愛がなければ，人生はすばらしくはならない)

最後の文の if it were not for ～ は「もし～がないならば」という意の決まり文句である。分解すれば，it は主節で暗示される現実の状況（人生はすばらしいこと），for は理由や目的を表す前置詞だから，「人生のすばらしさがもし愛のためではないとしたら，人生はすばらしいものにはなっていない」の意になる。現実的な言い方なら It [his business] had no other meaning if it was not for the

boy. (Mansfield, "The Fly")（もし息子のためでなければ仕事は意味のない
いものだった）のように言える。この仮定表現は without ～（if
without の意で「もし～がなければ」）, but for ～（but は「～を除
いて」で，「もし～のためということを除くなら」の意）でも言え
る。文章語では if が省かれ，Were it not for ～ と倒置形になるこ
ともある。これは古英語からの形式である。なお it を受ける動詞
が was ではなく were になるのは，昔は仮定法の単数形は 1 ～ 3
人称ともすべて were だったことによる。今日では if I were you
や as it were といった慣用句を除けば was になりつつある。as it
were は as if it were so の短縮形で，その as if は，たとえば He
looks at her as if she were a ghost. だと，He looks at her as (he
would look at her) if she were a ghost. の短縮形になる。だから
He is knocked down, as it were, by her wink. は，He is knocked
down, as (it would be so if) it were (so), by her wink. となる。
よく使われる慣用句ではこうした簡略化が起こる。
　また wish を使い，実現不可能な願望を述べる場合も仮定法を使
う。

(3)　I wish she just left us alone.
　　　（わたしたちを放っておいてくれたらいいのに）

これには彼女が強く干渉してきてそれを止められないという現実
認識があり，諦めの気持ちで述べている。止められる可能性がある
なら仮定法は使わず，I hope she will leave us alone. のように
hope を用い，直説法で言う。I wish I were a girl again, half sav-
age and hardy, and free. (Brontë, *Wuthering Heights*)（もう一度少女
に戻れたら。半分野蛮で強くて自由な少女に）は，大人になったらもう
少女には戻れないから，内容的に仮定法しか使えない。願望を表す

178

動詞はほかにも desire や want があるが，やはり可能性のあることへの願いであるから，仮定法は使わず，直説法で to 不定詞などを取る。wish も to 不定詞を使えば仮定法ではなくなり，普通の願望になる（to 不定詞は名詞句になるので主観が入らない）。古い言い方だと I would（would は wish の意の動詞）で，And I would that my tongue could utter／The thoughts that arise in me. (Tennyson, "Break, break, break")（言葉で言い表せたら／内に湧くこの思いを）とか，I would I were thy bird.／Sweet, so would I:／Yet I should kill thee with much cherishing. (Shakespeare, *Romeo and Juliet*)（あなたの鳥になれたら／いとしいお方，私もそうできたら。でもきっと，かわいがりすぎて殺してしまうでしょう）といった表現をする。

　仮定法過去の文の中に現在形が入っている場合がある。If only you knew what I feel about you, Gloria, and how much you mean to me. (Kingsley Amis, "Interesting Things")（あなたに対する私の気持ち，あなたがどんなに大切な人かということを，分かってくれさえしたら）のような文で，knew は仮定法で過去形でも，feel や mean の部分は現実のことだから過去形にはならない。

　次に仮定法過去完了。過去の事柄に対する実現不可能な推測や願望で，ずっと現在形あるいは過去形で語られていて，そこに If や would を伴った過去完了という形で現れてくる。

(4)　If he had come there yesterday, we could have played tennis.

（もし彼がきのう来ていたら，テニスができたのに）

　ちょうど現在の事柄を過去形で表現して実現不可能なことへの思いを述べたように，今度は過去の事柄を過去完了形で表現して実現不可能だったことへの思いを述べる。

(5) a. I could have never found alone the place where I came

in.　　　　　　　(E. M. Forster, "The Other Side of the Hedge")

(もし一人だったら入ってきた場所を見つけられなかったろう)

[If I had been alone] [後半の came は直説法過去]

b. If a chasm had opened between them, she would have

jumped into it at once.

(Peter Lovesey, "Did You Tell Daddy?")

(もし穴があったら, すぐにそこに飛び込んだであろう)

c. My father would have been glad to return to his old

mode of bachelor life, but what could he do with two

little children?　　　　　(Gaskell, "The Half-Brothers")

(もし昔の独身生活に戻れるんなら喜んでそうしたろうが, 二

人の小さな子供を抱えては無理な話だった) [If he could have

returned ...]

d. "A *real* gentleman," she went on, "wealthy, too, other-

wise he wouldn't have had a silk umbrella. I shouldn't

be surprised if he isn't a titled person."

(Dahl, "The Umbrella Man")

(あの人は本物の紳士でお金持ち, そうじゃなかったら絹の傘

なんか持つものかね。爵位があっても驚かないよ) [isn't=is。

主節の not につられて従節にも not がついたもの]

e. Old Woodfield's mouth fell open at the sight. He

couldn't have looked more surprised if the boss had

produced a rabbit.　　　　　　(Mansfield, "The Fly")

(ウッドフィールドは口をぽかんとあけてそれを見た。ボスが

ウサギを取り出したとしても, これほど驚いた顔はできなかっ

たろう)

f. Oh, you would have laughed to see how cunningly I thrust it [my head] in.　　　(Poe, "Tell-Tale Heart")

（どんなに巧みに頭を入れたかを見たなら，きっと君は笑っただろう）[if you had seen]

g. Sally could easily have forced a window open and got inside, but that would have been a criminal offence.

(Peter Lovesey, "Did You Tell Daddy?")

（サリーは容易に窓をこじ開けて中に入れたろう。しかしそれは犯罪行為になっただろう）

h. A less courageous woman would almost certainly have sold the house and packed her bags and headed straight back to Norway with the children.　　(Dahl, *Boy*)

（もっと勇気のない女性だったら，ほぼ間違いなく，家を売り，荷物をまとめて，子供と一緒にまっすぐ母国のノルウェーに向かったろう）

i. Born into another class she would have been a chirpy woman.　　　(William Trevor, "A Meeting in Middle Age")

（ほかの階級に生まれたら陽気な女性になっていたろう）

j. "Yes, he was in love with me. But he wouldn't have married me if I had been poor."

(Henry James, *The Portrait of a Lady*)

（ええ，彼は私を愛していました。でも，もし私が貧しかったら私と結婚はしなかったでしょう）

k. "Oh, Jake," Brett said, "we could have had such a damned good time together."

(Hemingway, *The Sun Also Rises*)

（二人だったらとっても楽しく過ごせたでしょうね）

　紛らわしいのは助動詞が現在形で「助動詞＋完了形」となる場合である。助動詞が現在形である以上，その文は仮定法ではなく，直説法による過去への推測になる。

(6)　The couple may not have been happy together, for before long he left his native town by himself and went to London.

　　　（夫婦は一緒にいても幸せではなかったのかもしれない。というのも，ほどなくして彼は独り故郷を離れ，ロンドンへ行ったから）

　この形での過去に対する推測は，may のほか，will, can, あるいは must も可だが，will の場合は未来完了の意になる場合が多く（「（その時）には〜してしまっているだろう」の意），過去への推測はあまりない。shall は「もう〜してしまったはず」という過去の完了の予想になる。また can は肯定形はなく，can't という否定形のみ可能で，「〜したはずがない」という意味になる。might やcould を用いても可で，実際は起こったかどうか分からない過去の事柄に対する推測を表せる。しかし「助動詞の過去形＋完了形」は実際には起こらなかったことを前提とする仮定法過去完了の文と形が同じになる。形だけでは区別ができないから，前後の文脈によって判断する。次は推測文になる。

(7)　a.　"Her name?" Herr Scholtz paused.　"Well, she would clearly have used a false name?"

　　　　　　　　　　　　　　　　(Doris Lessing, "The Woman")

　　　（「名前？」ショルツ氏は言葉を切った。「そう，彼女は明らかに偽名を使っていたんじゃないのかな」）

　　b.　You mean, it might have been someone else?

182

                                (J. Jefferson Farjeon, "Waiting for the Police")

（つまり，他の誰かだったかもということ？）

  c. His heart must have indeed failed him, or else he might have stood this night of storm and exposure.

                                            (Conrad, *Amy Foster*)

（実際，大きな失意にみまわれたに違いない。そうでなければこの嵐と野ざらしの夜に耐えたであろうに）［後半は仮定法］

　次に仮定法現在。現在の事柄に対する可能性の低い仮定を表し，If he come here today, we can play tennis. のように，主語が he であっても comes とはせず，動詞の原形を使う。今のことであっても現在形を使わないことで，現実とは違うことを示す。仮定法現在については，現在や未来に関して，不可能とまではいかないような不確実な事柄に対して用いられる。昔は if 内は仮定法現在だったが，それは今日では古めかしい文章語で，日常語では単純化され，If he comes のように現在形で言うようになっている。未来については If he should come という言い方がある。この should は「万が一」という意味で，彼が来ないことが前提だが，まったくその可能性がないわけではなく，ひょっとしたら来るかもしれない。したがって，主節では he will (would) be arrested のように，その実現の可能性に応じて，will も would も共に用いられる。[1]

　仮定法現在は，今日では主に，要求や提案を表す動詞（advise,

---

[1]　英語では条件を表す if, 時を表す when, after, before, till, as soon as などで始まる副詞節内では，その節が未来を表す場合でも will や shall は用いず，現在時制を使う。主節の助動詞との重複を避け，合理化するためだが，同じ will でも主語の強い意志を表す場合は用いる。さらに can, must などの助動詞，「万が一」という仮定を強調する should や were to は if 節内でも使う。

decide, demand, insist, propose など）の that 節や，必要だ，重要だという判断を表す形容詞文（essential, important, necessary など）の that 節の中で使われる。仮定法が使われるのは，事実を述べるのではなく，こうあってほしい，こうあるべきだという話し手の気持ちを表すからである。

(8) a. I suggest to him that he join us for lunch.
　　　　（一緒にランチしようと彼に提案する）

　　b. She insisted that I undergo a medical examination.
　　　　（彼女は私が健康診断を受けるべきだと主張した）［仮定法なので時制の一致はない］

　　c. It is necessary that we be accustomed to his way.
　　　　（彼のやり方に慣れることが必要だ）

　he join のように動詞の原形を使うのはアメリカ英語の場合で，イギリス英語では he should join となる。should は仮定法が衰退し，特有の動詞形が消失したその代用として生まれたものだから，he join が本来の形になる（本来といっても，古英語の仮定法・現在・単数の語尾は -e，不定詞は -an だったが，現代英語ではどちらの語尾も脱落したため，同形となっている）。会話では he joins と直説法が使われることもある。仮定法の意識がだんだん薄れてきているためである。It is necessary ～ の文において，「that + 仮定法」ではなく，for us to ～ とした場合は，仮定法ではなくなるので，話し手の気持ちではなく，事実を示した言い方になる。She live happily!（彼女が幸せに暮らしますように）という祈願文も仮定法現在の用法で，I hope という文が暗示されている。助動詞で補うときは May she rest in peace.（安らかに眠らんことを）と助動詞を文頭に置く（may は「～する力がある」意）。ドイツ語であれば助動

詞を仮定法（接続法）にして文の二番目の位置に置くが，英語では直説法と同形になり，紛らわしいので倒置にして区別する（先のWere it not for ～ と同じ形）。I pray that she may rest in peace.の意になる。どちらも古い格式ばった表現になる。

　この仮定法の用法をよく理解するためには，インド・ヨーロッパ語に共通する接続法という概念を知る必要がある。接続法は，英語の仮定法と同様，直説法と対になり，直説法が客観的な事実を述べるのに対して，事実には基づかない話し手の主観的な思いを述べる用法である。それを表現するのに動詞は特有の語尾変化をする。だからその動詞の形で，事実の叙述の中にある話し手の主観の部分を識別できる。今まで仮定法で，事実に反する仮定，こうあってほしいという願望やこうすべきという判断については述べたが，ドイツ語やフランス語の接続法は，それだけではなく，～だと思う，～だと考える，～だと感じる，～だと信じる，～かと恐れる，～かと疑うといった思考や感情に係わる動詞の内容の中でも使われ，また「～するために」（目的），「～かもしれない」（可能性），「～しましょう」（要求），「～せよ」（命令），「～しますように」（希望）という内容の中でも使われる。すべて話し手の主観の表現だからである。間接話法で人の言葉を引用するときにも接続法になる。やはり事実をそのままに述べるのではなく，話し手の意志や気持ちが入るためである。

　英語も，古英語においては，今のドイツ語やフランス語と同様，直説法の現在形や過去形とは区別された仮定法独自の動詞変化があり，条件・目的・譲歩・結果を表す副詞節や suppose, think, say などに続く名詞節など，主節に接続する従属節の中でかなり幅広く使われていた。接続法とは主節に接続される働きを持つ動詞のことで，英語の仮定法の名称 subjunctive も本来は「追加的」という意

味である。しかし英語はその独自の歴史の中で，動詞の語尾変化が
ほとんどなくなったことで，仮定法の体系が崩れ，消滅していっ
た。だが形式は崩れても仮定法の発想は残るので，それを表現する
ために動詞の原形・過去形・過去分詞を使ったり，should, would
などの助動詞を補助的に使うことで埋め合わせてきた。この変化で
仮定法を用いる領域もかなり縮小されてきており，今でも仮定法現
在は直説法現在に変わりつつある。これはドイツ語などでも同様
で，伝統的な接続法が衰退し，英語と同じように直説法や助動詞を
使う形に変わりつつある。情報があふれ，流動性の強い現代社会で
は，早く簡単に理解できるように，細かく複雑な文法を避け，合理
的で単純な形式を求めようとするためであろう。この言語の単純
化，平易化の傾向は日本語でも同様である。

3.　仮定形

　日本語の場合，基本的に人を見て話す言語なので，文には全面的
に主観が入る。名詞，動詞，形容詞といった内容語は客観性を保つ
が，それでも月をお月様と言ったり，食べるを食うやいただく，叩
くをぶっ叩く，形容詞だと，くそ暑い，もの悲しいと言うように感
情が入りやすい。内容語をつなぐ助詞や助動詞も同様で，「わたし
は」「わたしが」の区別や，「～だ，～です，～であります，～でご
ざいます，～だね，～ですね，～だぜ」といった言い方で話し手の
細かい感情を映し出す。だから英語とは逆に，主観的表現が中心
で，客観的な表現は漢文訓読調の文や，報告文とか学術書とかいっ
た堅い内容の文になる。
　日本語には仮定法はない。日本語にあるのは仮定条件文で，「～
ば・～なら・～たら・～でも」といった仮定の接続助詞を使って二

つの文をつなげる。「きのう行ったら会えたのに」のように主文の終わりを「〜のに」「〜ものを」とすると、実現しなかったことに対する思いを表せる。「もし」という言い方は、「仮に・万が一・たとえ」と同様、副詞であり、なくてもよい。また時間の表現は、日本語には時制がないから、今のことであっても、「彼に会ったら（彼に会うなら）言っといて」のように「会う・会った」のどちらも使うことができるし、過去のことであっても「もしあの時お金があれば買っている」のように動詞を過去にはせずに表現できる。英語の仮定法は非現実なら必ず過去形にしなければいけないが、その点、日本語は柔軟で多様性がある。

　もっとも、奈良・平安時代には英語の仮定法に相当する決まった表現方法があった。「まし」という反実仮想の助動詞で、「せば〜まし」とか、「ましかば〜まし」という言い方で表現した。有名な句を挙げれば、

(1) a.　世の中に　たえて桜の　なかりせば
　　　　春の心は　のどけからまし　　　　　　　　（在原業平）
　　　　（世の中にまったく桜がなかったとしたら、春の人の心はのどかでいられるだろうに）
　　b.　思ひつつ　寝ればや人の　見えつらむ
　　　　夢と知りせば　覚めざらましを　　　　　　（小野小町）
　　　　（あの人を思って寝たから夢に現れたのだろうか、夢だと分かっていたならば目覚めなかったものを）

　「せば」の「せ」は過去の助動詞「き」の未然形で、英語の仮定法過去と同様、過去形にすることで現実との距離を表している。「ば」は if に相当する接続助詞で、古代では「雨降らば」のように未然形につけば「〜ならば」の仮定条件（「言わば、例えば」はその名残。

「言わば」に相当する as it were も古い英語の名残），「雨降れば」
のように已然形につけば「～（な）ので」の確定条件を表した。し
かし已然形が未然形に取って代わり，仮定条件を表すようになった
ので，名称も仮定形に変わった。このため活用語の未然形についた
反実仮想の形式はなくなり，「まし」も推量の助動詞「む」との区別
を失って消滅した（「まし」はもともと「む」の形容詞化されたも
の）。この仮定形はその後，分析的な表現として発達し，「雨降るな
らば」のように動詞（連体形）に「ならば」（「なら」〈断定の助動詞
「だ」の仮定形〉＋ば）をつける形，また「雨降ったらば」のように
完了の助動詞「た」の仮定形「たら」を含む形が生まれ，「ば」が脱
落することで「～なら」「～たら」となった。だから接続助詞と同
じ働きをしていることになる。一方，even if に相当する接続助詞
として「と・とも」があり，終止形につき，「雨降るとも」（雨が
降っても・降るとしても）として仮定条件を表した。「ど・ども」
とすると確定条件となり，已然形について「雨降れど」（雨は降る
けれども）で though の意になった。このような変化の中で「まし」
は消失したが，詩などでは現代でも使われ，島崎藤村の詩にも「も
しやわれ鳥にありせば …… 深き音に鳴かましものを」とあり，口
語とは違う古風で格調高い雰囲気をかもし出している。

3.　敬語

　仮定法は話す側の気持ちを表現し，動詞の形を変えた。それは自
分の気持ちを中心に置く点で，個の文化の発想になる。一方，日本
は和の文化であり，相手に対する気持ちを表すために動詞の形を変
える。それが敬語で，日本の文化風土ではきわめて重要なものにな
る。習得すべき話術も，西欧では相手を説き伏せるための雄弁術

188

（スピーチやディベート），日本では相手をうやまうための敬語であり，どちらも社会生活を営むためには不可欠のものになる。敬語は相手を高く大きくする，あるいは自分を低く小さくすることで，相手をうやまう気持ちを表現する。この発想は英語にはほとんどない。英語では相手を Sir とか Madam と呼んで高めたり，in my humble opinion（愚見を申し上げると）などと言って自分を低めたりすることはあるものの，例外的である。西欧での人間関係は基本的に対等なもので，たとえ身分や年齢などが違っても，言葉遣いは同じで，ただ事実を伝えるものになる。日本の場合は社会は上下，内外，親疎といった人間関係で成り立っており，敬語はその関係に潤いと調和を与えるものになる。したがって，翻訳に際しては，時代物などは，次のようにその違いを反映させる必要がある。

(1)　Now that you have saved me from solitude and sorrow, I have come to thank you. ... I am indeed, as you supposed, the Spirit of the Mirror.

(Hearn, "The Mirror Maiden")

　　（このわたくしを寂しく悲しい境遇からお救い下さいましたので，お礼を申し上げに参りました。ご推察のとおり，わたくしは鏡の精なのでございます）（原作は日本の伝説に基づく物語）

　敬語で相手を大きくする表現は尊敬語である。「お～になる」という固有の表現（「お読みになる」），また，「いらっしゃる」「おっしゃる」「召し上がる」「なさる」といった特別な動詞，「れる・られる」の助動詞（「読まれる」），「（お）～なさる」の補助動詞（「来なさる」，関西では「来（や）はる」），さらには，相手と係わるものに付ける「お」や「ご」という接頭語（「お着物，ご本，お美しい」）や「さま」「どの」「さん」（「さま」のくだけたもの）という接尾語

など，敬意の気持ちは文全体に及ぶ。「お〜になる」，「れる・られる」は自然にそうなるという自発の発想で，稲が実るように，背後にある自然の大きな力の存在を暗示する。「お」はオホミ（大御）→オホム→オホン→オン→オと変化してきたもので，「御」と記すものの，「大きい」（多いと同根）を元にする。したがって，「お」がつくことで，対象を大きくふくらませる効果を持つ。

　一方，謙譲語は自分を低める言い方で，「お〜する」という固有の表現（「お読みする」），「いたす」「参る，うかがう」「申す，申し上げる」「いただく，ちょうだいする」といった特別の動詞，「あげる」という補助動詞（「読んであげる」），「わたくし」といった代名詞などがある。尊敬語と同じ「お」がつくのは，相手の威光に自分も接するからである。だから会議の席での「ただ今から説明します」は謙譲語としては間違いで，説明するのは自分だが，それを受けるのは相手なので，「ご説明申し上げます」となる。「お〜になる」が自然に生まれてくるものなら，「お〜する」は，背後に自分を支える力がなく，みずから苦労して行うという感じがある。

　丁寧語は自分が話す相手への敬意で，「です，ます，ございます」がある。「先生がお帰りになります」では，「先生がお帰りになる」が先生に対する敬意，「ます」が聞き手への敬意になる。さらに美化語というものがあり，「お米，お菓子，ご褒美，」など，名詞に「お」や「ご」をつけたり，「うまい，食う，寝る」の代わりに「おいしい，食べる，休む」という言い方をしたりして，言い方を上品にする。

　日本は和の文化であるから，敬語は古代から日本語の重要な表現方法としてある。ただしその表現は時代とともに変わる。尊敬語を見ると，今の「おっしゃる」（「言う」の尊敬語）は，奈良時代は「きこす（聞こす）」，平安時代は「のたまふ（「宣る」＋「給ふ」），室町

190

から江戸初期は「おしゃる（「仰せある」より）」で，江戸中期に
「おっしゃる」になる。同様に今の「いらっしゃる」は，奈良時代は
「います（坐す）・ます」，平安時代は「おはす（御座す）・おはしま
す」，室町時代は「おぢゃる（「お出でになる」より）・おりゃる（「お
入りある」より）」で，江戸時代になって「いらっしゃる（「入らせ
らる」より）」になる。この「いらっしゃる（いらせられる）」は，
「おいでになる（おいでなさる）」と共に，「行く」「来る」「居る・
在る」の三つの動作の尊敬語である。元は「入る」と「出る」で反
対の動作を指すが，どちらもそれを超えて，むこうを出，こちらに
来，そして座るという一連の行為を表す。どちらも尊敬語であるか
ら，行為を具体的に特定せず，オーラに包むように全体をぼかし，
膨らませたものになろう。

　尊敬語の特徴として，変化しやすいことが挙げられる。生活の土
台を成す動詞や名詞はあまり変わらないが，感情に係わるものは流
動的であり，とりわけ尊敬語はひんぱんに使われているうちに敬意
が薄れてしまう。薄れればそれに代わる新鮮な敬意表現が求められ
る。その変化の特に著しいものは人称代名詞で，かつては尊敬語で
あった「お前」や「貴様」は，今では蔑視の言葉に成り下がってい
る。それはあたかも，かつては立派な服だったものが，長く何度も
着続けているうちに色あせ，磨り減ってぼろぼろになっていくかの
ようである。奈良時代は天皇を指した「君」も，今では同等かそれ
以下の相手を指す言葉である。「殿」も，「吾一どん」のように，商
家の主人が奉公人を呼ぶときの接尾語にまで落ちた。「あなた」を
意味する古代の「まし」や「おもと・そこもと」は死語で，「おぬ
し・そなた」は時代劇でしか聞かない古めかしい言葉である。かつ
ては上位者に用いた「あなた」（貴方・貴女）も今は同等以下の者
にしか使えない。現代では上の者に対して使う決まった代名詞は特

になく，部長とか先生とか「～さん・さま」という言い方になっている。

　このように変化する尊敬語に対し，変わらない語もある。「召す」は奈良時代から一貫して変わらず，その意味はふくらんで多様である。元は「見る」に尊敬の助動詞「す」のついたもので，「ご覧になる」意である。そこから，「会に召される，天に召される，召し抱える」のように「呼び寄せる」意，「食事を召し上がる」のように「食べる，飲む」意，「土地を召し上げる，召し捕る」は「取る」意，「着物をお召しになる」は「着る」，「お年を召す」は年を取る，「お風邪を召す」は風邪を引く，「お気に召すまま」は気に「入る」，「花を召しませ」は「買う」ことで，風呂に入ること，車に乗ることにも使う（take の多様性に似る）。補助動詞としても「ご安心めされ」「おぼし召す（名詞はおぼし召し）」のように言う。

　謙譲語については，自己を卑下する言葉であるため，これ以上は下がりようもなく，尊敬語ほど大きな変化はない。代名詞だと，「わたし」を意味する古代の「やつがれ」は死語としても，公家時代の「おのれ・小生」や，武家時代の「わたし・わたくし・おれ・てまえ」は今も使う。動詞も，古代の「たまふ・たまはる・まゐる（まいる）」や中世の「いただく・ぞんする」，江戸時代の「いたす・もうす」は今でも使っている。「いただく」は本来は「頭の上に乗せる」意の普通語だが，上の者から何かもらう時にそうすることから「もらう」の謙譲語となったもので，品物，お言葉，ご指導，食べ物，あるいはお風呂の場合にも「いただく」を使う。補助動詞では「教えていただく」のように言う。「たまふ」は上の者が下の者に「与える」意の尊敬語だが，下の者が上の者から「いただく」意の謙譲語としても使われた。今日では「行きたまえ」のように尊敬を表す補助動詞の命令形として残る。「たまはる」は「たまふ」に受身の

助動詞「る」のついたもので，上の者から「いただく」意の謙譲語
だったが，中世から上の者が「与える」の尊敬語にもなった。今日
では格式ばった堅い語で，「お言葉を賜る」では，「陛下より」とす
れば謙譲語，「陛下が」とすれば尊敬語になる。また接頭語「愚・
弊・小・拙」（「愚息・弊社・小社・拙稿」）や接尾語「ら・め・ど
も」（わたしら・わたくしめ・わたくしども）も，古代から続く謙
譲語である。

　丁寧語は，謙譲語や尊敬語を転用する形で平安時代の「はべり・
さぶらふ」から見られるが，本格的に発達するのは武家時代になっ
てからである。「ござる」（御座在るの転）はもともとは「いらっ
しゃる」意の尊敬語だったが，武士の時代になると敬意が薄れて丁
寧語になり，江戸時代には「ます」がついて「ござります→ござい
ます」となった。「まゐらす」（参らす）は本来は「さし上げる」意
の謙譲語で，室町に「まらする」として謙譲語および丁寧語として
使われていたが，「まっする」などを経て，江戸時代には謙譲語と
しては廃れ，「ます」という丁寧の助動詞となった。今の「です」の
由来は二通りあり，一つは，名乗る場合の「にてさうらふ」（候）
が「でさうらふ」，縮まって「でさう」，そして「です」になったも
の，もう一つは，断定の「でございます」が「でござんす」，「であ
んす」などとなって最終的に「です」になったものである。

　敬語は，古代，中世，近世を通じ，身分や階級などに応じて用い
られ，階層社会を支えてきたが，太平洋戦争の敗北により古い封建
的価値観は崩壊し，戦後はアメリカが主導した民主主義の浸透に
よって人間の平等意識が強くなった。その結果，敬語を用いない普
通文が主流になり，それがテレビやラジオ，映画や新聞雑誌などに
よって日本全土に広がり，新しい価値観を作り出した。家庭でも子
供が親や祖父母に敬語を使う習慣はなくなり，子供が，「お父様が

そうおっしゃった」などと言うようなことはなくなった。学校でも敬語は教えてはおらず，もはや「先生がいらっしゃった」のような言い方はしない。平等意識の浸透によって，先生とは生徒にとって上の存在ではなく，対等あるいは外の存在になったのかもしれない。しかし社会での対人関係の礼儀作法としては根強く残り，いったん世の中に出れば，「社長がいらっしゃった」と「社長が参りました」の使い分けを学ばなければならなくなっている。日本語は，内と外，私の世界と公の世界が明確に区別されるが，敬語を使う必要のない内の世界がどんどん広がり，今は家庭と学校を含んで，敬語が義務づけられる外の社会と対している。

　敬語は社会生活を送る上でなくてはならない護身術と言えるが，敬語教育がすたれた結果，敬語の誤りが多いのも現代の特徴である。例えば二重敬語として，「おっしゃられる」（正しくは「おっしゃる」），「お見えになられる」（お見えになる），「お召し上がりになって下さい」（お召し上がり下さい）のように過度に敬語を重ねる。あるいは，尊敬語と謙譲語は本来は反対のものだが，それを一つにして「部長がそう申されました」（「申す＋られる」。正しくは，部長がそうおっしゃいました），「部長にそれをお見せして下さい」（お見せになって下さい），「どうぞお話しして下さい」（お話し下さい）などとなる。主として尊敬語の「お〜になる」と，謙譲語の「お〜する」が似ていることから起こる混同になる。また尊敬語と謙譲語の区別がつかず，「課長さん，お菓子をひとつ，いただきませんか」（召し上がりませんか），「先生はおりますか」（いらっしゃいますか），「お食事を用意してございます」（用意しております），「先生は出発いたしました」（出発なさいました）などとも言う。丁寧語の「です・ます」をつければ敬語を使ったような気持ちになってしまうのであろう。

「ありますのであります」といった重複表現も不自然ではあるが,これは古くからある。江戸時代の候文では,「この文,やがて御座候べく候て,給わり候べく候」などとあるし,今日でも近畿方言では「さようでござりましてござります」と言う。歌舞伎では,「隅から隅までずずずい〜と,おん願い申し上げたてまつりまする」などと敬語を幾重にも重ねて口上を述べる。英語にも否定を強調する二重(三重)否定や,丁寧表現の冗長な言い方があるが(may I be permitted to presume to hope that you will allow me to have the pleasure …)(Dickens, *Sketches by Boz*),日本語の場合は和の社会で相手を尊ぶ気持ちがひときわ強いので,ともすると敬語が過剰になりやすい。

4. 英語の丁寧語

英語は人間の対等関係を前提とするから,上下関係を前提とする敬語に相当するものはない。しかし相手に敬意や思いやりを示すための丁寧表現はある。その際,仮定法は,人に何か依頼や提案をする場合の控えめで丁寧な表現方法として使われる。仮定法は,実際には不可能なことを,もし可能ならと想定して述べる発想であった。そこから,相手に何かを求めるときにも,そんなことはできないと思うが,もし万が一にでもそうできるとしたらありがたいという遠まわしのお願いになる。

(1) a. Dr. Giles, I'd be obliged if you'd go down and send up the housekeeper.

(Agatha Christie, "The Market Basing Mystery")

(下に行って家政婦を呼んできてくれたらうれしいのですが)

b. I would like it if you moved into his chair.

（彼のポストについてくれませんか）

c. I was thinking it might be more sensible, Beth, if we lived out the rest of our years together as man and wife.　　　　　　　　　　　　(Angela Huth, "Last Love")

（もし残る人生，夫婦として暮らせるならありがたいと思っているのですが）

d. "I could come with you," I said. "I know where all the boutiques and things are." I didn't. "And I could help to carry anything heavy."　　　　　　　　　　(John Wain, "Mort")

（「一緒に行きましょうか。ブティックなんかがどこにあるか，全部知ってます」うそだけど。「重い荷物，運んであげますよ」）

e. I don't suppose you would be free to have a little dinner with me.　　　　　　(Graham Greene, "Two Gentle People")

（私と軽く食事をする時間はないでしょうね）

f. I would consider it a favor if you would come along with me.

（一緒に来てくれるならうれしいのですが）

　最後の文を考えると，最も簡単な形は，Come along with me! である。Please をつけると丁寧にはなるが，相手に行為を促す言葉だから，一方的で，強く押し付ける感じにもなる。その断定口調を避けるために，相手の意志を問う疑問文や仮定法を使った遠まわしの柔らかい依頼表現を使う。そうすると距離ができ，言われた側は no と言いやすくなる，あるいは自発的に yes と言える心理になる。さらに次のような言い方がある。後のものほど丁寧度が高い。

(2) a. Will (Can) you come along with me?

[will は意志で「する意志はあるか」，can は可能で「すること
ができるか」だから，can のほうが控えめになる。will は仕事
上で使われることが多く，「～してください」「～してくれる？」
という軽い命令，can は仲間内で使われることが多く，「～し
てもらえますか」という依頼になる。possibly（できるなら）が
入るとさらに丁寧になる]

b. Would (Could) you please come along with me?

[仮定法だから，If I asked you という含みがある]

c. I wonder if you could come along with me.

[これは形の上では相手に頼んでいるわけではなく，仮定法過
去の if 節を使った一種の独り言なので，依頼はきわめて間接
的になる]

d. I was wondering if you could come along with me.

[過去進行形を使うことで，独り言が，今のことではなく，過
去のことになるので，依頼はさらに間接的になる。(1c) も同
じ用法。間接的になって距離ができるほど，丁寧さの度合いは
強くなる]

e. Would you mind coming along with me?

[mind は「いやだと思う」だから，相手の意向をかなり気にし
た言い方になる。仮定法 Would の代わりに直説法 Do が使え
るが，Will は使えない。Do you mind ～ の丁寧な言い方が
Would you mind ～。もし Will you mind ～ とすると，未来
形，あるいは「～してくれませんか」という依頼・勧誘となり，
不適。Would you mind if I asked you to come along with
me? とすると仮定法が would, asked と二度使われ，丁寧度が
増す]

　Will you come は Won't you come とも言えるが，否定形は，相手に否定の返答をしやすくするという意味で，日本語の「来てくれないか」と同様，丁寧になる。ただし文脈によっては「来ないのか」という非難を含んだ意にもなる。命令形の文頭に添えられるplease は命令調なので，「どうぞ」よりも「どうか」に近い。日本語では「どうぞ」と「どうか」はだいたい同じだが，「どうぞ」は，相手の益になることを勧める場合によく使い，するかどうかの判断は相手に任せる。一方「どうか」は，自分の益となることが念頭にあり，難しいとは思うが何とかしてそうしてほしいという強い要望になる。だから「どうぞ座ってください」よりは「どうか座ってください」のほうが強制力がある。命令文の文頭の please はこちらの強制力のあるほうに近い。ただし please の元は may (if) it please you（仮定法現在）で，「よろしければ，お望みならば」の意だから本来は「どうぞ」のほうになる。日本語では相手にお茶などを勧める場合，「どうぞ」と一言だけ言う。英語では相手の利益になることなら命令形にして，please はつけずに，Have a cup of coffee. と言う。please をつけると相手に強く勧める気持ちが出てくる。なお Another cup of tea, please. は，「もう一杯どうぞ」ではなく，「もう一杯ください」になる。相手に差し出すときの「どうぞ」は Here you are. である。

　仮定法では I would rather (that) you went away.（あなたには帰ってほしい）という言い方もある。would rather に続く動詞がないが，will はもともと動詞で wish の意であり，ここではその動詞の働きを残している。rather は比較級なので，言外に「〜するよりは」という意を含む。went は仮定法過去になる。去ってはくれないと思うが，仮に去ってくれるとしたらありがたいという気持ちになる。would を助動詞にして，I would rather stay here (than go out).

198

((出掛けるよりは）ここにいたい）という言い方もある。この場合，動詞は原形になる。You might as well go away (as stay here). ((ここにいるよりは）出掛けたほうがよい）は，might が仮定法で，may よりも婉曲的な表現になる。as well（… as 〜）が同等比較だから，文字どおりには，「〜することは，そうしないことと同じくらいよいかもしれない」となり，〜したほうがよい，〜したらどうかという提案になる。同じ慣用句に had better がある。had が仮定法過去，better が比較級なので，「（〜するよりは）〜するほうがよい」の意になる。ただし，日本語にすると控えめに響くが，実際は強い命令調なので，目下の者に向かって使い，目上の人に使うことはできない。分解すれば，「〜することでよりよい状態を持つ→〜しないとよい状態を持てなくなる→しなければだめだ（さもないと悪いことが起こる）」となる。should も義務を表す仮定法で，「〜すべきだ」と訳し，日本語としては強く響くが，実際は had better よりも弱い義務で，目上の人にも使える。この表現は何かと比較してという発想ではないので，「〜したほうがいい」「〜したらいかがです」ぐらいの穏やかで一般的な提案になる。

　次は相手の元を辞去するときの慣用表現である。

(3)　It is time I left.
　　（もうおいとまする時間です／もうおいとましなくてはなりません）

　この表現で仮定法を使うのは 17 世紀になってからで（それまでは直説法），実際にはまだここを立ち去っていないが，もし立ち去っているとしたら，そのほうがふさわしい時間だという感覚を表す。日本語では，「すっかりお邪魔してしまいました。もう失礼しなくては」といったような，いるべき時間が過ぎてしまったという

感じと同じになる。It's time for me to leave. と同じだが，to 不定詞は今こそ去るべき時間という意味で，仮定法に含まれる，そうすべき時は過ぎているという語感はない。It is time の後の文は現在形，仮定法現在，should を使うこともある。It is time I was leaving. という進行形でもよく使われる。もうその行動を進行させているべきだったという強調的な言い方になる。仮定法の一人称・三人称は本来は were だが，仮定法の衰退で was が使われる。

　日本語では，「もし〜していただければ，うれしいのですが」という言い方をする。それは，相手がそうしないのは当然だという考えを前提にしており，英語の仮定法と同様の発想になる。典型的なのは「ありがたい」という感謝の言葉である。「ありがたい」は「有り難い」で，有ることが難しい，つまり求めてもそうなることはまずないの意で，「〜していただけるとはありがたいことです（でございます）」のように感謝の気持ちを表すときに使われる。「ありがとう」は「ありがたく・ございます（存じます）」の後半が省かれ，「く」が「う」に変わったものになる（歴史的仮名遣いは「ありがたう」）。

　さらに日本語では否定を使った表現も丁寧な言い方になる。「すみませんが，〜してもらえませんか」という文には，「ません」という丁寧な打ち消し表現が二つ含まれている。この「〜してもらえませんか」は，相手に〜してもらえないのは当然だという前提があって，「か」という終助詞でそれを確認する形になる。〜してもらえないと思うが，もししていただけるとしたらうれしい，という気持ちになる。

　丁寧語としての仮定法は，他人への依頼だけでなく，自分が何か発言するとき，断定を避けた控えめな表現としても使われる。

(4) I should think that he may have had something to do with the matter.

（彼はその問題となにか関係があると思うのですが）

何か意見を述べるとき，I think という言い方自体，I guess や I suppose と同様，追加することで断定する口調を和らげる働きをするが，I should think とすると，その断定口調がさらに柔らかくなることになる。仮定法だから，言外には，もしこう言ってよければ (if I were allowed to speak) とか，もしお尋ねになるなら (if you asked me) といった条件文が含まれている。日本語では，「と思われますが」とか，「まあ，～だろうと思う」といった婉曲的な言い方に相当する。I'm thinking ～ とすると，まだ考え中ということになるし，I thought ～ とすると過去のことになるから，前はそう考えたこともあるといった意になり，断定を避けた控えめな表現になる。なお I should think は I would think となることもある。イギリスでは一人称は I shall ～，アメリカでは I will ～ となるためだが，口語では I'd think となり，区別は消える。例文の may を might にすればさらに婉曲度が増す。

5. 命令形

英語では命令文は，直説法，仮定法と並ぶ法 (mood) の一つで，命令法と呼ばれ，相手への強い指示や依頼を表す。法とは本来は定動詞の形のことで，三つの法は互いにその活用語尾が違っていた。古英語の命令形は単数と複数では語尾が異なったが，今日では語尾はすべて取れ，原形となっている（ドイツ語，フランス語は今も命令法特有の活用語尾がある）。命令は二人称（話す相手）に言うの

が基本だから，Go! とか Be quiet! のように主語はつけず，動詞を文頭に置く。否定の場合は Don't を文頭につける。命令形の前に強調や区別のために主語をつけることがある。その場合の語順は一時期「動詞＋主語」の形もあったが（Mind you!)，現在は「主語＋動詞」で（You watch him! で You に強勢)，否定の時は Don't you go! のようになる（Don't に強勢)。be 動詞の場合は You be quiet! のようになり，否定の場合は Don't be late! あるいは Don't you be late! となって，一般動詞と同じ形になる（Be not late! は古い言い方)。一人称や三人称を目的語とする命令は let を用いて Let me go! とか Don't let him do what he wants. のように言う。勧誘や提案の場合は Let's go. で，「一緒に〜しよう」という勧誘では相手を含むが，Let us go. として us を強く読んだときは「わたしたちに〜させろ」という命令で，相手を含まない（強勢がなければ含む)。ただし，Ah, love, let us be true / To one another! (Matthew Arnold, "Dover Beach")（恋人よ，お互いに誠実でいよう）とか，Let us go then, you and I, / When the evening is spread out against the sky, / Like a patient etherized upon a table. (T. S. Eliot, *The Love Song of J. Alfred Prufrock*)（さあ行こう，君とぼく／夕暮れが空に広がるとき／麻酔をかけられた手術台の患者のように）のような詩では弱強のリズムに合わせて us や let を強く読むが，意味は let's になる（詩ではリズムの原理が文法に優先する)。命令文としては，Silence!（静粛に）とか Off with his head!（首をはねろ）[with は「〜については」の意]のように名詞や副詞だけで表現する場合もある。命令であるから，文は短いほど効果的になる。

　日本語では動詞の活用で表し，「行け」「見ろ」「しろ」の「け」や「ろ」のように命令形の語尾をつける。関西では上一段・下一段・サ変では「見よ」「せよ」のように「よ」がつく。英語と同様，主語

202

はつけないが，強調や区別の場合は「お前（が），行け」のようにも
言う。英語との大きな違いは，日本語は上下関係があるので，命令
は上から下への要求になる。下から上へは依頼やお願いになり，表
現方法が異なる。同じ命令でも，相手との距離に応じてさまざまな
言い方ができる。「行け」「食べろ」，あるいは禁止の「来るな」は
上下の距離が大きく，絶対的な服従を要求するから，きつく響く。
丁寧に言えば「（お）行きなさい」「（お）食べなさい」のように「な
さい」をつける。「ませ」（丁寧の助動詞「ます」の命令形）を付け
加え，「お帰りなさいませ」とするとさらに丁寧になる。「行きなさ
い」の「さい」が省かれて「行きな」とも言う。「なさい」は「する」
の尊敬語「なさる」の命令形だから柔らかく響くが，もっぱら上の
人が下の人に対して用いる。ただし「お帰りなさい」「お休みなさ
い」「ごめんなさい」は形は命令形だが，形骸化して丁寧なあいさ
つの言葉になっており，下の者が上の者に対しても使える。この逆
転は奇妙な印象を受ける。しかし日本語は共同体意識から，例えば
「おれ」のように言葉の意味が相手から自分へすり替わることがあ
り，このあいさつ言葉も，本来は相手に対する丁寧な命令だったも
のが，相手がその言葉を繰り返すことで意味が薄れ，相手側の丁寧
なあいさつとなったものであろう。ただし，文字通りの意味でも使
い，「お帰りなさい」は帰宅した家族などを迎える言葉であると同
時に，「もう遅いからお帰りなさい」のように，外から来た者を帰
るよう促す言葉にもなる。「いらっしゃい」も本来は「明日いらっ
しゃい」のように来て下さいの尊敬語だが，来た相手への歓迎のあ
いさつとしても使う。「食べたまえ」は男性語で，上の者が下の者
に使う親しげな命令になる。下の者が上の者に何かを求める場合
は，「〜（し）て下さい（ませんか）」のように尊敬語を用いる。多
く，「どうか」とか「すみませんが」のような謝罪や恐縮を表す語句

を伴う。親しい間柄であれば，「〜（し）てくれ（ないか）」という普通文，「行って」のように「下さい」や「くれ」を省いた形，あるいは「来いよ」のように語尾を和らげる終助詞をつけた言い方になる。文章語では学術書や試験問題などで「見よ」「答えよ」「参照せよ」のような古語の形でもよく使われる。会話文とは違い，形式的で改まった語感になる。さらに「ちゃんと食べること」という体言止めや「さあ買った買った」のような完了態での言い方もある。ドイツ語にも不定詞や過去分詞（現在完了形）を使った命令表現があり，英語にもかつては Have done.（やめろ），Be gone.（去れ）といった完了形の命令文があったが，今では形式が統一され，あまり使われていない。

　謝罪のときは，英語では Excuse me., Pardon me., Forgive me. のように許しを求める命令形を使ったり，I'm sorry., I apologize. のように自分の非をわびる平叙文を使う。日本語ではその平叙文は「すみません」「申し訳ありません」「おわびします」「悪かった」などに相当し，命令文は「ごめんなさい」「許せ」「許して」「お許しください」などに相当する。よく使われるのは「ごめんなさい」だが，これは「お帰りなさい」のように文字どおりには命令文になる。例えば「お許しください」と「お許しなさい」は意味が違い，前の文は下の者が上の者に向けて言うお願い，後の文は上の者が下の者に向けて言う命令文になる。だから「ごめんください」はよいが「ごめんなさい」は奇妙である。しかしこの表現は本来の意味が薄れて慣用句になっている。「ごめんください」も今は他家を訪れたときのあいさつで，いきなりの訪問を許してくださいの意になっている。古くは「ごめんあれ，ごめんくだされ，ごめんなされ，ごめん候」で，もっと丁寧には「ごめんさせてください」「ごめんなされてくださいませ」のようにも言った。

　英語は上下ではなく対等の人間関係ではあるが，身分や年齢が上の者に命令形は使いにくい。しかし相手の利益になる内容なら命令形を使え，子供が大人に対して使うこともできる。たとえば誰かから道を聞かれたら，その答えは相手のためになるものだから，Go straight along this street. と命令形で言う。Have a seat., Watch out!（気をつけて）などの助言や忠告も相手の利益になるものだから命令形になる。ただし，それ以外のときはきつく響くため，You should go to the party. のように，間接的に命令する平叙文を使う。should は had better よりも義務の度合いが弱かったが，助動詞を弱い順に並べると，should ＜ ought to ＜ had better ＜ have to ＜ must となる。違いは，should と ought to は必ずしも果たす必要のない義務を表すが，ought to のほうが to のある分だけ堅い言い方になる。had better にすると，比較級があるから，しなければ悪いことが起こるという意味合いの義務，have to は，have が仮定法ではなく現在形だから客観的に見てすべき義務，must は話し手の意志として相手に課せられる義務であり，意味が一番強い。ただし must より強い命令形として will の特殊用法がある。You will do the job.（君がその仕事をするのだ）は権威者が下の者に言う場合で，そうなることを当然視した言い方になる。

　命令は，一方で，相手への強い不快感から，ののしりともなる。

(1)　Go to hell, you son of a bitch!（地獄へ落ちろ，くそ野郎）/ Damn you!, Fuck you!（くそくらえ）/ None of your impudence!（生意気言うな！）/ Mind your own business!（よけいなお世話だ）/ Shame on you!（恥を知れ）/ Nuts to you!（くたばれ）/ Don't talk nonsense!（馬鹿を言うな）/ Shut up, you old hag!（黙れ，くそばばあ）

あるいは感嘆文にして，How dare you say such a thing! (よくそんなことが言えるな)［あるいは後半を省いて How dare you!］とか，What a nerve (you have)! (なんてずうずうしい) と言うこともできる。共に相手への苛立ちや非難を表し，間接的に「もうやめろ」という意志を伝えている。日本語でも苛立ちはよく命令文の形を取る。「死ね」「くたばれ」「くそでも食らえ」「ほざけ」「ふざけるな」「勝手にしろ」「おととい来やがれ」「なめるなよ」「覚えてろ」などである。あるいは疑問文や感嘆文にして，「何だと」「何をぬかすか」「何を言いやがる」「何様だ」「やるか」「よく言うわ」などと言う。「やがる」は「あ (上) がる」から来ており，相手が増長し，舞い上がって，してはいけない不遜な行為をしていることを非難する言い方になる。英語の dare や nerve も本来あるべき態度から逸脱し，傲慢に振る舞うということだから，だいたい同じ意味になろう。あるいは「うそをつけ」(うそをつきなさい)，「いい加減にしろ」(いい加減にしなさい) という表現もある。～しろという行為を促す命令形であるが，そんなことをしても無駄だからもうよせという反語になる。ののしり言葉としては，ただ名詞だけでも通じ，「ばか，あほう，まぬけ，かす，ぼけ，くず，とんま，たわけ，人でなし，おたんちん，くそったれ」，あるいは「このガキ，この尼，この野郎，あばずれ，てめえ」と言っても威嚇の効果を出せる。英語なら You bloody liar, a damned fool, bitch, son of a bitch, blockhead, idiot, bastard, hussy, scum, jerk, bumpkin, moron といった表現がある。bloody (血まみれの) や damned (地獄に落ちた) といった形容詞は日本語にはなじみにくい。

　身体や外見に対する悪口は露骨で挑発的で相手を怒らすには効果的であり，日本語では，ちび，でぶ，ぶす，はげ，ぶた (おかめ，ひょっとこ) がよく使われる。英語では shorty, fatty, baldy, pig, hag などがある。シェイクスピアの『夏の夜の夢』では，背の低い娘が Get you gone, you dwarf;/You minimus, of hindering knot-grass made;/You bead, you acorn. (あっちへ行け，この一寸法師，このちびっ子。背を止めるミチヤナギでできたやつ。このビーズ玉，このどんぐり女）と罵倒される。さらに背の高い娘から you puppet（指人形）とからかわれ，相手を thou painted maypole（塗りたくった五月柱）[日本語なら「電信柱」] などとなじる。また日本語でののしったりイライラしたとき，よく「くそっ！」と言うが，英語でも同じ糞の意の Shit! がよく使われる。「くそ」とは，くそじじい，くそったれ，へたくそ，のように相手への軽蔑や嫌悪を表すとともに，自分が失敗したときや劣勢のときにも口にして，なにくそと思って発奮する言葉になる。その点，「ちくしょう」と同じになる。「なにくそ」は I'll be damned if I give in. と訳せる。負けたら自分はくそ（のように無価値なもの）になるという語感であろう。英語では shit のほかに Damn (it)!, Fuck (it)!, Blast (it)!, Hell!, Heck! などとも言う。くそ食らえ，こんちくしょう（「この畜生」の意）に相当しよう。

　悪口の傾向として，英語は性的に露骨な表現を使い，日本語は意味不明の言葉を使いがちになる。asshole, you cunt, fuck you, kiss my ass などはそのものズバリでかなり下品であるし，一方，日本語のほうは，おたんこなす，ぼけなす，とんちんかん，ぼんくら，あほんだら，あんぽんたん，どてかぼちゃ，すっとこどっこい，おかちめんこ，など何を言っているのかよく分からない。昔は子供が節をつけて，「ばーか，かーば，ちんどんや，お前の母さん，でーべーそ」などとも言っていた。どれも英語と比べたら響きが柔らかい。しかしそこに文化の違いもある。英語は相手に No とはっきり言える文化であり，言いたいことをズバリと伝えようとする。

一方，日本語は相手になかなかノーと言えない文化であり，言いたいことを綿にくるむようにぼかそうとする。そのような話し方の違いが悪口のあり方にも現れている。

　また悪口を言うのに敬語が使われることもある。ほめ殺しの一種で，「どうせお宅様はエリートでいらっしゃいますから」などという言い方は，相手にばかと言っているのと同じである。わざと大げさに褒めることで，距離を作り，他人扱いにして，逆に相手をけなすしゃべり方である。ふだんは普通語で話していて，いきなり「ごめんあそばせ」のような敬語を使っても，揶揄やからかい，嫌悪などの効果を出せる。英語にもこの心理はあり，I shouldn't have deemed it at all proud if you had thought us too umble for you. Because we are so very umble. (Charles Dickens, *David Copperfield* の Uriah Heap のせりふ) [umble = humble]（かりに私たちのことを，ひどい貧乏人だとお思いになったところでですよ，決してそれを，威張っておいでになるなんて，考えるものですか。ほんとのところ，ひどい貧乏人なんですからねえ（中野好夫訳））は，仮定法を使い，表面は謙遜だが，奥に傲慢さを隠した慇懃無礼なものになる。有名なところでは『ジュリアス・シーザー』のアントニーの演説がある。アントニーはシーザーを暗殺したブルータスを非難するのに，シーザーの公平無私の愛国的な功績を挙げながら，But Brutus says he was ambitious;/And Brutus is an honourable man. （しかしブルータスは言う，シーザーには野望があったと。そしてブルータスは高潔の士だ）という言葉を繰り返す。繰り返すうちに，民衆の心にはその言葉とは逆の効果，シーザーには野望などなく，ブルータスこそ野心を抱いた卑劣な男だという怒りの感情を生み出させることになる。これも相手をほめて殺す巧みな話術であろう。

参考文献

安藤貞雄 (1986) 『英語の論理・日本語の論理 —— 対照言語学的研究』 大修館書店.

安藤貞雄 (2008) 『英語の文型 —— 文型がわかれば, 英語がわかる』 言語・文化選書 5, 開拓社.

安藤貞雄・澤田治美 (2001) 『英語学入門』 開拓社.

安西徹雄 (1983) 『英語の発想 —— 翻訳の現場から』 講談社現代新書.

荒木博之 (1985) 『やまとことばの人類学：日本語から日本人を考える』 朝日選書 293, 朝日新聞社.

Baker, Peter S. (2003) *Introduction to Old English*, Blackwell, Malden, MA.

Barber, Charles, Joan C. Beal and Philip A. Shaw (1993) *The English Language: A Historical Introduction*, Cambridge University Press, New York.

Baugh, Albert C. and Thomas Cable (2002) *A History of the English Language*, 5th ed., Routledge, London.

Biber, Douglas, Susan Conrad and Geoffrey Leach (2002) *Longman Student Grammar of Spoken and Written English*, Longman, London.

ブラッグ, メルヴィン (著), 三川基好 (訳) (2008) 『英語の冒険』 講談社学術文庫. ［原著：Melvyn Bragg, *The Adventure of English: The Biography of a Language*, Sceptre, London, 2004］

土井忠生・森田武 (1977) 『新訂国語史要説』 修文館.

土居建郎 (1971) 『「甘え」の構造』 弘文堂.

江川泰一郎 (1991) 『改訂三版 英文法解説』 金子書房.

Freeborn, Dennis (2006) *From Old English to Standard English: a course book in language variation across time*, 3rd ed., Palgrave Macmillan, Basingstoke.

Fromkin, Victoria, Robert Rodman and Nina Hyams (2003) *An Introduction to Language*, 7th ed., Heinle, Thomson, Boston.

藤原保明（2010）『言葉をさかのぼる――歴史に閉ざされた英語と日本語の世界』言語・文化選書 22, 開拓社.

橋本功（2005）『英語史入門』慶應義塾大学出版会.

長谷川潔（1974）『日本語と英語――その発想と表現』サイマル出版会.

畠山雄二（編）（2016）『徹底比較日本語文法と英文法』くろしお出版.

樋口昌幸（2009）『英語の冠詞：歴史から探る本質』広島大学出版会.

平出昌嗣（2008）『踊る羊と実る稲――日欧比較文化・日英比較言語への招待』学術出版会.

堀井令以知（1997）『比較言語学を学ぶ人のために』世界思想社.

Huddleton, Rodney and Geoffrey K. Pullum（2002）*The Cambridge Grammar of the English Language*, Cambridge University Press, Cambridge.

家入葉子（2007）『ベーシック英語史』ひつじ書房.

池上嘉彦（1981）『「する」と「なる」の言語学』大修館書店.

池上嘉彦（2006）『英語の感覚・日本語の感覚――「ことばの意味」のしくみ』NHK 出版.

池上嘉彦（2007）『日本語と日本語論』ちくま学芸文庫.

今井隆夫（2010）『イメージで捉える感覚英文法――認知文法を参照した英語学習法』言語・文化選書 20, 開拓社.

井上ひさし（1981）『私家版日本語文法』新潮社.

井上和子（1978）『日本語の文法規則――日英対照』大修館書店.

石津ジュディス・星加和美（2001）『冠詞が使えるルールブック』ベレ出版.

城生佰太郎・松崎寛（1994）『日本語「らしさ」の言語学』講談社.

影山太郎（2002）『ケジメのない日本語』岩波書店.

影山太郎（編）（2001）『日英対照　動詞の意味と構文』大修館書店.

金谷武洋（2003）『日本語文法の謎を解く――「ある」日本語と「する」英語』ちくま新書 383.

金田一春彦（1988）『日本語（新版）上・下』岩波新書.

金田一春彦ほか（1981）『変わる日本語――現代語は乱れてきたか』講談社ゼミナール選書.

岸田隆之・早坂信・奥村直史（2002）『歴史から読み解く英語の謎』教育出版.

小池清治（1989）『日本語はいかにつくられたか？』筑摩書房.

庵功雄（2012）『新しい日本語学入門――ことばのしくみを考える』スリーエーネットワーク.

國廣哲彌（編）（1980a）『音声と形態』日英語比較講座 第1巻，大修館書店.

國廣哲彌（編）（1980b）『文法』日英語比較講座 第2巻，大修館書店.

國廣哲彌（編）（1981）『意味と語彙』日英語比較講座 第3巻，大修館書店.

國廣哲彌（編）（1982a）『発想と表現』日英語比較講座 第4巻，大修館書店.

國廣哲彌（編）（1982b）『文化と社会』日英語比較講座 第5巻，大修館書店.

久野暲・高見健一（2004）『謎解きの英文法：冠詞と名詞』くろしお出版.

リー，デイヴィッド（著），宮浦国江（訳）（2006）『実例で学ぶ認知言語学』大修館書店．［原著：David Lee, *Cognitive Linguistics: An Introduction*, Oxford University Press, New York, 2002］

巻下吉夫・瀬戸賢一（1997）『文化と発想とレトリック』研究社.

マシューズ，コンスタンス・メアリ（1982）『Words words words（英語物語：地方語から世界語へ）』（小田基・福地肇編注）金星堂．［原著：C. Mary Matthews, *Words Words Words*, Lutterworth Press, Guildford, 1979.］

松浪有（編）（1986）『英語史』大修館書店.

McCully, Chris and Sharon Hilles（2005）*The Earliest English―An Introduction to Old English Language*, Pearson Longman, Harlow.

三上章（1972）『現代語法序説――シンタクスの試み』くろしお出版.

水谷信子（1985）『日英比較 話しことばの文法』くろしお出版.

水谷信子（1989）『日本語教育の内容と方法――構文の日英比較を中心に』アルク.

水谷修（1987）『話しことばと日本人――日本語の生態』創拓社.

森岡健二ほか（1982）『語彙史』講座日本語学4，明治書院.

森田良行（1981）『日本語の発想』冬樹社.

森山卓郎（2002）『表現を味わうための日本語文法』岩波書店.

森山卓郎（2002）『ここからはじまる日本語文法』ひつじ書房.

Mugglestone, Lynda, ed.（2006）*The Oxford History of English*, Oxford University Press, New York.

村田美穂子（編）（2005）『文法の時間』至文堂.

中川右也（2010）『教室英文法の謎を探る』開拓社.

中島平三（2017）『斜めからの学校英文法』言語・文化選書 70，開拓社.

中野道雄（1981）『日英語対照研究』神戸市外国語大学外国語学研究所.

中尾俊夫（1979）『英語発達史』篠崎書林.

中尾俊夫・児馬修（1990）『歴史的にさぐる現代の英文法』大修館書店.

中尾俊夫・寺島廸子（1988）『図説英語史入門』大修館書店.

野村益寛（2014）『ファンダメンタル認知言語学』ひつじ書房.

小川浩・松浪有（1995）『英語の歴史』大修館書店.

大野晋（1974）『日本語をさかのぼる』岩波新書.

大野晋（1987）『文法と語彙』岩波書店.

大野晋（2014）『大野晋の日本語相談』河出書房新社.

大野晋・丸谷才一・大岡信・井上ひさし（1989-1992）『日本語相談 1 ～ 5』
　　朝日新聞社.

沖森卓也（編）（2010）『日本語概説』朝倉書店.

沖森卓也（編）（2010）『日本語史概説』朝倉書店.

沖森卓也（2010）『はじめて読む日本語の歴史——うつりゆく音韻・文字・
　　語彙・文法』ベレ出版.

興津憲作（1992）『外国語から見た日本語』近代文芸社.

ピーターセン，マーク（1988）『日本人の英語』岩波新書.

ピーターセン，マーク（1990）『続日本人の英語』岩波新書.

Pyles, Thomas and John Algeo（1982）*The Origins and Development of the English Language*, 3rd ed., Harcourt Brace Jovanovich, New York.

最所フミ（1975）『英語と日本語：発想と表現の比較』研究社.

阪倉篤義（1973）『改稿　日本文法の話』教育出版.

阪倉篤義（1974）『日本文法の話』教育出版.

阪倉篤義（1993）『日本語表現の流れ』岩波書店.

Samuels, M. L.（1972）*Linguistic Evolution; with Special Reference to English*, Cambridge University Press, Cambridge.

佐藤喜代治（1977）『日本文法要論』朝倉書店.

佐藤武義（編）（1995）『概説日本語の歴史』朝倉書店.

佐藤芳明・田中茂範（2009）『レキシカル・グラマーへの招待——新しい教

育英文法の可能性』言語・文化選書 9，開拓社.

澤田治美・高見健一（2010）『ことばの意味と使用：日英語のダイナミズム』鳳書房.

芦沢栄（1978）『英語の輪郭』開拓社.

瀬田幸人・保阪靖人・外池滋生（2010）『「入門」ことばの世界』大修館書店.

志子田光雄（1980）『英詩理解の基礎知識』金星堂.

Singh, Ishtla（2005）*The History of English: A Student's Guide*, Hodder Arnold, London.

Smith, Jeremy（1996）*An Historical Study of English: Function, Form and Change*, Routledge, London.

外間守善・内間直仁（1986）『日本言語史』法政大学.

菅井三実（2012）『英語を通して学ぶ日本語のツボ』言語・文化選書 33，開拓社.

杉本つとむ（1982）『ことばの文化史——日本語の起源から現代語まで』桜楓社.

鈴木寛次（2000）『英文法の仕組みを解く』NHK ブックス 898，日本放送出版協会.

鈴木寛次・三木千絵（2007）『根本理解！ やり直し英文法』大修館書店.

鈴木孝夫（1973）『ことばと文化』岩波新書.

鈴木孝夫（1975）『閉された言語・日本語の世界』新潮社.

鈴木孝夫（1990）『日本語と外国語』岩波新書.

諏訪春雄（編）（2006）『日本語の現在』勉誠出版.

Sweetser, Eve E.（1990）*From Etymology to Pragmatics: Metaphorical and Cultural Aspects of Semantic Structure*, Cambridge University Press, Cambridge.

高橋太郎（2005）『日本語の文法』ひつじ書房.

田中みどり（2003）『日本語のなりたち——歴史と構造』ミネルヴァ書房.

飛岡健・David Burleigh（1986）『日本人と欧米人』マクミランランゲージハウス.

外山滋比古（1992）『英語の発想・日本語の発想』NHK ブックス 654，日本放送出版協会.

津守光太（2008）『a と the の底力——冠詞で見えるネイティブスピーカー

　　の世界』プレイス.

宇賀治正朋（2000）『英語史』現代の英語学シリーズ 8，開拓社.

綿貫陽（改訂・著）（2000）『徹底例解ロイヤル英文法』旺文社.

山田敏弘（2013）『国語教師が知っておきたい日本語文法 (改訂版)』くろし
　　お出版.

山口明穂（2004）『日本語の論理 —— 言葉に現れる思想』大修館書店.

山口明穂ほか（1997）『日本語の歴史』東京大学出版会.

山口堯二（2005）『日本語学入門 —— しくみと成り立ち』昭和堂.

柳父章（1982）『翻訳語成立事情』岩波新書.

安井稔（1996）『英文法総覧 [改訂版]』開拓社.

米山三明（2009）『意味論から見る英語の構造 —— 移動と状態変化の表現を
　　巡って』言語・文化選書 15，開拓社.

吉川洋・友繁義典（2008）『英語の意味とニュアンス —— 入門講座』大修館
　　書店.

索　　引

1.　日本語は五十音順で，英語で始まるものも日本語読みで並べて
　　ある。
2.　数字はページ数を示し，n は脚注を表す。

216

平出　昌嗣　（ひらいで　しょうじ）

　千葉大学名誉教授。

　主な著書に,『踊る羊と実る稲——日欧比較文化・日英比較言語への招待——』(学術出版会),『イギリス・モダニズム小説——個と闇と流動の作家たち——』(彩流社),『イギリス文学名作 30 選』(鷹書房弓プレス),『名作英米小説の読み方・楽しみ方』(学術出版会) などがある。

英語と日本語の深層を探る（中）　　　　　　　　＜開拓社
　— 文法を比較する—　　　　　　　　　　　　言語・文化選書 90＞

2021 年 6 月 22 日　第 1 版第 1 刷発行

著作者　　平 出 昌 嗣
発行者　　武 村 哲 司
印刷所　　日之出印刷株式会社

発行所　　株式会社　開 拓 社

〒112-0013 東京都文京区音羽 1-22-16
電話　（03) 5395-7101 （代表)
振替　00160-8-39587
http://www.kaitakusha.co.jp